Das Sprachmaterial

Schreiben

Indirekte Schreibvorbereitung

Metallene Einsatzfiguren

Sandpapierbuchstaben

Bewegliches Alphabet

Weiterführendes Schreiben
· Tafel – Kreide
· Papier – Stift
· Hefte
· u.s.w.

Lesen

Erstes Lesen
mit Gegenständen

Phonogramme
· Sandpapierphonogramme
· Phonogramm-Gegenstände
· Phonogramm-Hefte
· Phonogramm-Karten
· Setzkästen

Materialien für den individuellen
Leselernprozess
· Aufträge
· Definitionen
· Bücher
· u.s.w.

Wortgrammatik

Geschichte der Wortarten

Einführungslektionen
der Wortarten
· Vorbereitende Übungen

· Hauptübungen
  - Einführungslektionen mit
    Symbolen ab dem Adjektiv

· Weiterführende Übungen
  - Auftrags- und Sprachkästen
  - Vorbereitete Übungen der Leiterin

Satzgrammatik

Vorbereitende Übungen
· Mündliche Sprachspiele

Jagen nach dem Prädikat

Sterntabelle

Erste Arbeit mit Pfeilen
und Kreisen

Kleiner Satzzerlegungskasten
und Satzzerlegungstabelle

Die drei Satzzerlegungskästen

Vorwort

Maria Montessoris Material zeichnet sich durch seine aufbauende, klare Struktur aus. Dies ermöglicht der Leiterin, jedes Kind individuell in seiner Entwicklung zu begleiten und zu fördern. Das Kind erschließt sich die Lerninhalte in der Anwendung und innerhalb eines sozialen Rahmens.

In ihren Anleitungen öffnet Maria Montessori der Leiterin einen Handlungsraum, in dem eine besondere Beziehung zwischen Kind und Leiterin entstehen kann. Dafür werden Übungen und Beispiele gewählt, die unmittelbar aus dem Lebensumfeld des Kindes stammen.

Dies gelingt schon beim Erlernen der ersten Buchstaben. Der Anlaut des gewählten Buchstabens entspricht dem Anfangsbuchstaben des Namens – und spannt den Bogen weiter bis zum ersten Satz, der in seine Satzstruktur zerlegt werden soll und dem Lieblingsbuch des Kindes entstammt.

Das vorliegende Buch soll allen Leserinnen und Lesern eine hilfreiche Handreichung für den täglichen Umgang mit dem Sprachmaterial Maria Montessoris sein.

Gerrit Kapferer, Simone Lehmann und Wilhelm Weinhäupl

Ein Dankeschön!

möchten wir allen Montessori-Pädagoginnen aussprechen, die über viele Jahre hinweg das Team der Salzburger Sprachdozenten gebildet und entwickelt haben. Ihr Wissen und ihre Kompetenz konkretisiert sich in diesem Buch.

Einen ganz lieben Dank auch an die Obfrau des Montessori-Bundesverbandes Waltraud Croce, die sich viel Zeit genommen hat, um uns Rückmeldungen zu geben.

Nicht zuletzt ein besonderes Danke an Gerrits Sohn Severin, der mit seinem Wissen und seiner Genauigkeit zum Gelingen der vielen Fotos beigetragen hat.

Die Leiterin

Wir haben uns entschieden, so wie in den beiden vorangegangenen Bänden, den/die handelnde/n Erwachsene/n als Leiterin zu bezeichnen: Leiterin, weil diese Bezeichnung die Rolle treffend charakterisiert und die weibliche Form, weil in der Montessori-Praxis überwiegend Frauen tätig sind. Natürlich sind immer auch die männlichen Pädagogen gemeint.

Gerrit Kapferer

Kindergartenpädagogin

Sonderkindergartenpädagogin

Montessori-Diplom

Dozentin für Kinderhaus und Sprache in Montessori-Diplomlehrgängen

Tätigkeit in der Erwachsenenbildung

Erfahrung in der pädagogischen Beratung

Simone Lehmann

Volksschullehrerin, unterrichtet in jahrgangsgemischten Klassen

Studium der Erziehungswissenschaften

Montessori-Diplom

Montessori-Therapeutin

Dozentin für Sprache in Montessori-Diplomlehrgängen

Referentin für Schulentwicklung mit Schwerpunkt „Öffnung des Unterrichts"

Dr. Wilhelm Weinhäupl

Volks- und Hauptschullehrer

Professor an der Pädagogischen Akademie des Bundes in Salzburg

Wichtige Lernerfahrungen während der zwanzigjährigen wissenschaftlichen Betreuung des Montessori-Standortes Liefering in Salzburg

Lehraufträge zur Didaktik der Mathematik an der Freien Universität Bozen

Schulbuchautor für Geographie und Wirtschaftskunde und Mathematik an der Volksschule

Dozent für Theorie, Kinderhaus und Mathematik in Montessori-Diplomlehrgängen

Leiter von Montessori-Diplomlehrgängen in Salzburg, Südtirol und Slowenien

Publikationen zur Reformpädagogik

Einleitung

Die Sprache – das zentrale Element in der Montessori-Bildungsarbeit

Die Sprache ist das Mittel, das uns ermöglicht, in unserem sozialen Umfeld zu kommunizieren. Wir denken in Sprache, und in Worten und Sätzen ordnen wir unsere Gedanken und Gefühle.

Sprache bringt das Denken in die Wirklichkeit, sie gibt dem Inneren Ausdruck und erleichtert den Austausch mit anderen. Sie ermöglicht, formt und prägt das soziale Miteinander.

Sprachbildung findet immer statt, im Umgang der Kinder untereinander, im Kontakt mit Erwachsenen und den Medien. In einer Montessori-Einrichtung ist die Leiterin das prägende Sprachmodell, daher der Anspruch an sie, eine verständliche, deutliche und anregende Sprache zu pflegen.

Die Entwicklung der Sprache spielt auch in den Bereichen Schulung der Sinne, Übungen des praktischen Lebens und in der Mathematik eine zentrale Rolle.

Die Sinnesübungen zielen auf die Verfeinerung der Wahrnehmung und auf die Fähigkeit ab, schlussendlich auch feinste Unterschiede in Worte fassen zu können.

Bei den Übungen des praktischen Lebens werden Teilschritte komplexer Handlungen als innere Bilder und Handlungsmuster repräsentiert, sie sind eine notwendige Vorstufe für ihre gedankliche und verbale Bewältigung.

Die Klarheit und die logische Struktur der mathematischen Operationen bei Montessori fördern eine präzise und sachlogische Denk- und Ausdrucksweise.

Sprachspiele, Geschichten, Gedichte und Gespräche im Sitzkreis nähren den Worthunger der Kinder und sind ein natürlicher Teil des täglichen Lernangebotes.

Die Schrift überdauert das flüchtige Wort, in ihr bleiben Gedanken über Zeit und Raum erhalten.

Kein Wunder, dass dieses Werkzeug schon früh das Interesse des Kindes anspricht.

Der Schrift wohnt der Zauber der nonverbalen Kommunikation inne.

In einem sorgfältig gestuften didaktischen Aufbau, der über das Schreiben zum Lesen führt, geht das Kind seinen individuellen Lernweg. Dieser führt von indirekten Schreibvorbereitungen bis hin zum Verfassen von Texten und Lesen von Büchern.

Die Auseinandersetzung mit Sprache wäre keine im Sinne Montessoris, würde sie es dem Kind nicht ermöglichen, sich forschend auch hinter die Oberfläche der Sprache begeben zu können, um dort ihre Funktionsweise und ihre inneren Gesetzte zu ergründen.

Dass der „menschliche Geist ein mathematischer Geist ist", belegt Maria Montessori deutlich durch die Darstellung der Gesetzmäßigkeiten der Sprachstrukturen in ihrem Material.

Die Materialien zur Wortgrammatik und Satzgrammatik führen zum Verständnis der Wortarten, zeigen den Bau von Sätzen und ihren Strukturen und machen das Untersuchen der Sprache interessant.

Sensible Perioden

Oft lässt sich beobachten, dass sich bereits drei- bis vier-jährige Kinder für das Schreiben und Lesen interessieren. Sie folgen dabei einem inneren Bauplan und ihre innewohnenden Energien lenken wie von selbst ihr Interesse auf die Schreib- und Leseangebote der Vorbereiteten Umgebung.

Die Aufgabe der Leiterin ist es, diese Interessen wahr-zunehmen und dem Kind Angebote zu unterbreiten, die diesem Lernbedürfnis entsprechen.

So lernen viele Kinder bereits im Kindergartenalter Schreiben und Lesen.

Kinder sind schon ab einem Alter von sechs bis sieben Jahren für die Inhalte und Fragen der Grammatik empfäng-lich. Montessori eröffnet hier einen motivierenden und spannenden Zugang. Forschend und handelnd können grammatikalische Inhalte vom Kind bearbeitet werden.

So schärft sich nicht nur der analytische Geist, ganz neben-bei entwickelt, verfeinert und differenziert sich auch das Gefühl für die Sprache.

Der Erwachsene als Bindeglied zwischen Kind und Material

Bei den Sprachmaterialien ist der Ablauf der Einführungs-lektionen festgelegt. Welche Beispiele dabei herangezogen werden, ergibt sich aus dem Interessens- und Lebensum-feld des Kindes.

In der Regel wird jedes Material in einer Einzellektion eingeführt. Diese braucht ausreichend Zeit und muss sehr präzise ablaufen.

Die Leiterin achtet besonders auf:

· persönlichen Kontakt und vertrauensvolle Grundstimmung

· gemeinsames Her- und Wegräumen der benötigten Materialien

· Sitzposition neben dem Kind, so dass dieses einen best-möglichen Blick auf den Arbeitsplatz hat

· Konzentration auf das Wesentliche (keine anderen Materi-alien am Tisch/Teppich und keine überflüssige sprachliche Kommunikation)

· Zulassen der kindlichen Aktivität, sobald das Kind verstan-den hat, worum es geht

· Rückzug und Beobachtung, nachdem das Kind die Arbeit übernommen hat und selbstständig weiterarbeitet

· die Fehlerkontrolle in drei möglichen Abfolgen:
a) das Material selbst zeigt dem Kind den Fehler
b) die Leiterin korrigiert den Fehler nicht direkt, dokumentiert ihn aber (in weiterer Folge bietet sie dem Kind eine Wiederholung der Tätigkeit an)
c) die Leiterin korrigiert den Fehler durch eine Rückfrage an das Kind und redet mit ihm über Sprache (Sprachbetrachtung)

· das Angebot an das Kind: dieses soll jede Übung so oft wiederholen können, wie es seinen Bedürfnissen entspricht

Begreifen durch Handeln

Auch in der Sprache schafft es Montessori, dem Kind die Lerninhalte so anzubieten, dass aus der Anschauung und der konkreten Handlung das Verstehen reifen und sich entwickeln kann.

Es liegt im pädagogischen Selbstverständnis der Leiterin sowie in ihrem didaktischen Wissen und ihrer methodi-schen Kompetenz, dies dem Kind zu ermöglichen.

Dass ein Kind sein Lernen als ein natürliches Fortschreiten und als ein Sich-Selbst-Aneignen der Errungenschaften der menschlichen Kultur erleben kann, ist nicht selbstver-ständlich.

Letztere aufzubauen und zu sichern soll das vorliegende Buch helfen.

Gerrit Kapferer, Simone Lehmann und Wilhelm Weinhäupl

1. Montessoris Überlegungen zu den Bereichen „Schreiben" und „Lesen"

Maria Montessori gibt in den Bereichen Schreiben und Lesen einen hierarchischen Aufbau vor, den es einzuhalten gilt.

Sie geht von der Beobachtung aus, die sie bei Kindern ab einem Alter von vier Jahren gemacht hat.

Diese beginnen von sich aus zuerst zu schreiben und dann zu lesen.

Die Kinder folgen alle dem gleichen inneren Bauplan. Sie streben danach, „den Erwachsenen in sich" zu bilden und ahmen, ihren Fähigkeiten entsprechend, die Bezugspersonen in ihrem Umfeld nach.

Mit der Zeit verfeinern sich sowohl ihre Wahrnehmung als auch ihre motorischen Fähigkeiten. So ist eine Entwicklung vom „Kritzelschreiben" zum Nachahmen von Buchstaben bei allen Kindern zu beobachten.

Montessori setzt demzufolge den didaktischen Bereich „Schreiben" vor den des „Lesens".

Aber auch innerhalb dieser beiden Bereich gibt sie eine hierarchische Leiter vor, die dem Kind hilft, die jeweilige Technik zu erlernen und sich darin zu üben.

1.1 Didaktische Leiter des Bereiches „Schreiben":

· Indirekte Schreibvorbereitung mit Übungen des täglichen Lebens sowie Sinnes- und Dimensionsmaterialien
Maria Montessori nennt diesen Teil der Arbeit „Analyse der schreibenden Hand".

· Metallene Einsätze zur direkten Schreibvorbereitung

· Sandpapierbuchstaben

· Das Bewegliche Alphabet mit lautgetreuen Gegenständen

· Weiterführendes Schreiben
 - Tafel – Kreide
 - Papier – Stift
 - Hefte
 - u.s.w.

1.2 Didaktische Leiter des Bereiches „Lesen":

· Erstes Lesespiel mit Gegenständen

· Arbeiten mit Phonogrammen
 - Sandpapierphonogramme
 - Phonogramm-Lesespiel mit Gegenständen
 - Phonogramm-Hefte
 - Phonogramm-Karten
 - Arbeit mit den Setzkästen

· Materialien für den individuellen Leselernprozess
 - Aufträge
 - Definitionen
 - Bücher
 - u.s.w.

2. Schreiben

2.1. Indirekte Schreibvorbereitung – Analyse der schreibenden Hand

Beim Ausführen von Arbeiten übt das Kind Fertigkeiten, bei denen es Teilleistungen trainiert, die es später zum Erwerb der Kulturtechnik „Schreiben" benötigt.

Es arbeitet mit seiner Finger-, Hand- und Armmuskulatur und benötigt auch die Augen, um seine Muskulatur zu steuern.

Montessori nennt diese Handlungen eine „indirekte Vorbereitung" auf das Schreiben.

Konkret analysiert sie die Hand des tätigen Kindes, um eine optimale Vorbereitung zu gewährleisten.

Ziel:

Motorische Vorbereitung auf das Schreiben

Montessori benennt hier
drei motorische Teilleistungen:

Womit übt das Kind?
Beispiele Übungen des täglichen Lebens

Womit übt das Kind?
Beispiele Dimensions- und Sinnesmaterial

Folgende Schwierigkeiten lassen sich bei den Kindern bei der Stiftführung beobachten, wenn eine der Teilleistungen noch nicht vollständig entwickelt ist.

Gelingt es der Leiterin, die problematische Teilleistung bei Schreibproblemen herauszuanalysieren, kann man dem Kind Übungen anbieten, die seinem Alter entsprechen und diese Teilleistungen schulen, ohne dass das Kind dazu einen Stift in die Hand nehmen muss.

Je öfter das Kind seine Motorik schult, desto sicherer und erfolgreicher wird es sein, wenn es zum ersten Mal versucht, mit dem Stift ein Schriftzeichen zu spuren.

1 Der Drei-Punkt-Griff

Die drei Finger der schreibenden Hand (Daumen, Zeigefinger und Mittelfinger) werden so koordiniert, dass sie miteinander einen Gegenstand halten können.

2 Die feste Hand

Die Muskulatur der Hand und des Armes werden vom Kind sicher koordiniert. Die Bewegung, die das Kind ausführen will, wird mit Hilfe der Augen kontrolliert und mit Hilfe der Muskulatur korrigiert. So setzt es sein Vorhaben um.

3 Die leichte Hand

Bewegungen werden mit Leichtigkeit selbstverständlich ausgeführt. Sie werden bei den Übungen des täglichen Lebens so lange geübt, bis sie in einem Bewegungsfluss bzw. mit dem notwendigen Schwung in der Bewegung durchgeführt werden können.

> Die „leichte" und die „feste Hand" können sprachlich voneinander getrennt benannt werden. Es gibt aber keine Bewegung, bei der das Kind nur die leichte oder feste Hand übt. Es werden immer beide Teilleistungen gleichermaßen angewandt.

Eine Perle, ein Löffel, eine Zuckerzange wird gegriffen / bedient. Später dienen diese Finger der Stifthaltung.

Das Kind übt diese beim Aufnehmen und Absetzen von Perlen mit der Pinzette oder beim Schütten, wenn es zielgenau die Öffnung des aufnehmenden Gefäßes trifft.

Das Kind kann so lange das Schütten aus Gefäßen üben, bis das Wasser das gebende Gefäß langsam und gleichmäßig verlässt. Das Mahlwerk der Kaffeemühle wird gleichmäßig und flüssig gedreht.

Der kleinste Würfel oder der Knopf des Einsatzzylinders wird mit Daumen, Zeige- und Mittelfinger gegriffen.

Zielgerichtet wird ein Würfel des Rosa Turms auf den anderen aufgesetzt.

Der Schlägel wird mit dem richtig dosierten Schwung an die Glocke angeschlagen.

Zum Halten des Stiftes verwendet das Kind oft mehr als drei Finger.

Die Finger, die beim Schreiben den Mittelfinger bei der Stifthaltung stützen sollen, werden als zusätzliche Stifthalter-Finger koordiniert.

Das Kind führt den Stift bzw. die schreibende Hand ruckartig über das Blatt.

Das Kind hält beim Schreiben die Zeile nicht ein.

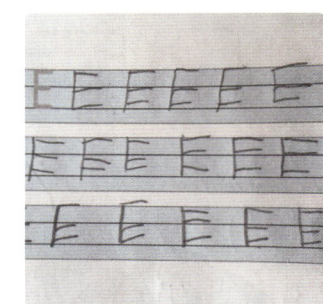

Der Stift wird zu fest gedrückt und die Mine bricht.

Der Stift wird so fest gedrückt, dass auf den Folgeseiten des Heftes noch die Schreibspur zu erkennen ist.

2.2. Direkte Schreibvorbereitung – Metallene Einsätze

Voraussetzungen:

Indirekte Schreibvorbereitung

Für die Arbeit benötigt das Kind:
· eine Schreibunterlage,
· eine Einsatzfigur mit Rahmen,
· Papier (14x14cm oder andere Formate)
· drei unterschiedliche Farben

Hinweis:

· Die liegende Ellipse ist die am einfachsten zu bearbeitende Fläche. Sie ist zum einen rund und erfordert deshalb in der Nachspurbewegung nicht vom Kind, dass es seinen Schwung abbremst. Zum anderen sind die Linien, die das Kind beim Schraffieren zieht, kurz.

· Alternativ kann das Kind andere Papierformate verwenden.

· Das Kind kann verschiedene Flächen miteinander kombinieren.

Ziel:

· Motorische Vorbereitung auf das Schreiben.

· Formelemente der Schrift werden in Teilelementen geübt.

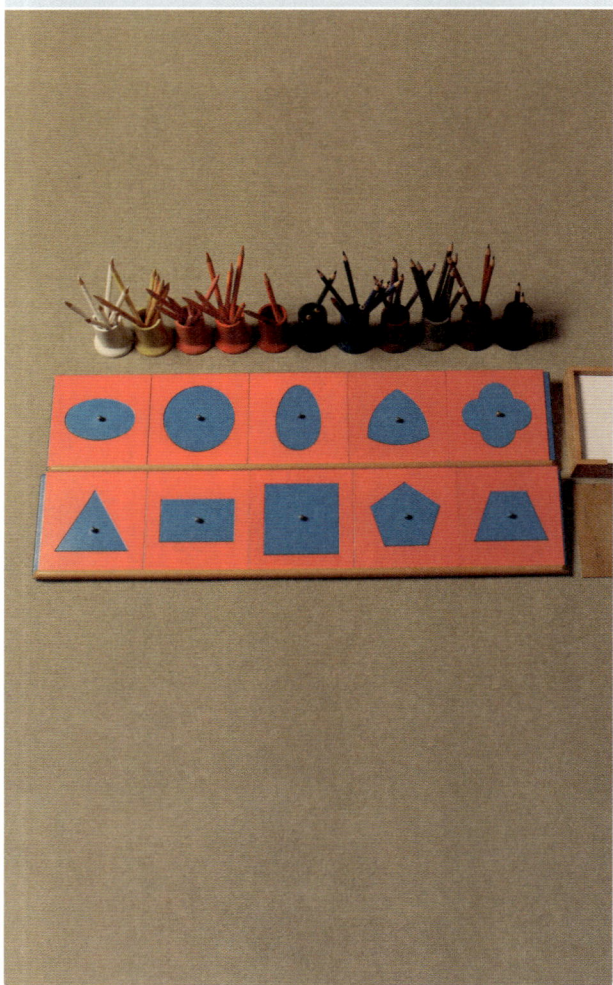

Handhabung

1 Das Kind legt das Papier auf die Schreibunterlage. Dann nimmt es die negative Form des ausgewählten Einsatzes und legt diese exakt auf das Papier.

2 Das Kind nimmt einen der drei Stifte in seine Schreibhand und setzt diesen möglichst links in der Ausfräsung an.

3 Es spurt den Stift nach unten weg, bis er wieder bei seinem Ausgangspunkt angekommen ist. Dies soll in einer Bewegung ausgeführt werden – ohne den Stift dabei ab- bzw. neu anzusetzen. Gleichzeitig soll die linke Hand (bzw. die Nicht-Schreibhand) den Rahmen auf das Papier drücken, damit dieser beim Spuren nicht verrutscht.

4 Der Stift und die negative Fläche werden zurückgelegt und die dazugehörige positive Fläche am Knopf genommen.

5 Diese wird exakt auf der hinterlassenen Spur der negativen Fläche platziert.

6 Das Kind nimmt einen anderen Stift in seine Schreibhand und setzt diesen wieder möglichst links an.

7 Es spurt den Stift wieder nach unten weg, bis es wieder bei seinem Ausgangspunkt angekommen ist.

Dies soll in einer Bewegung ausgeführt werden – ohne den Stift dabei ab- bzw. neu anzusetzen. Gleichzeitig soll die linke Hand (bzw. die Nicht-Schreibhand) den Knopf festhalten und die Fläche auf das Papier drücken.

8 Der Stift und die positive Fläche werden zurückgelegt.

9 Das Kind nimmt den dritten Stift in seine Schreibhand und setzt ihn links oben an einer der entstandenen Spuren an. Es spurt nach unten und soll den Schwung an der unteren Linie stoppen. Der Stift wird erneut oben, parallel zum ersten entstandenen Strich angesetzt, wieder nach unten gespurt und gestoppt. So soll das Kind fortfahren, bis die gesamte Fläche schraffiert ist.

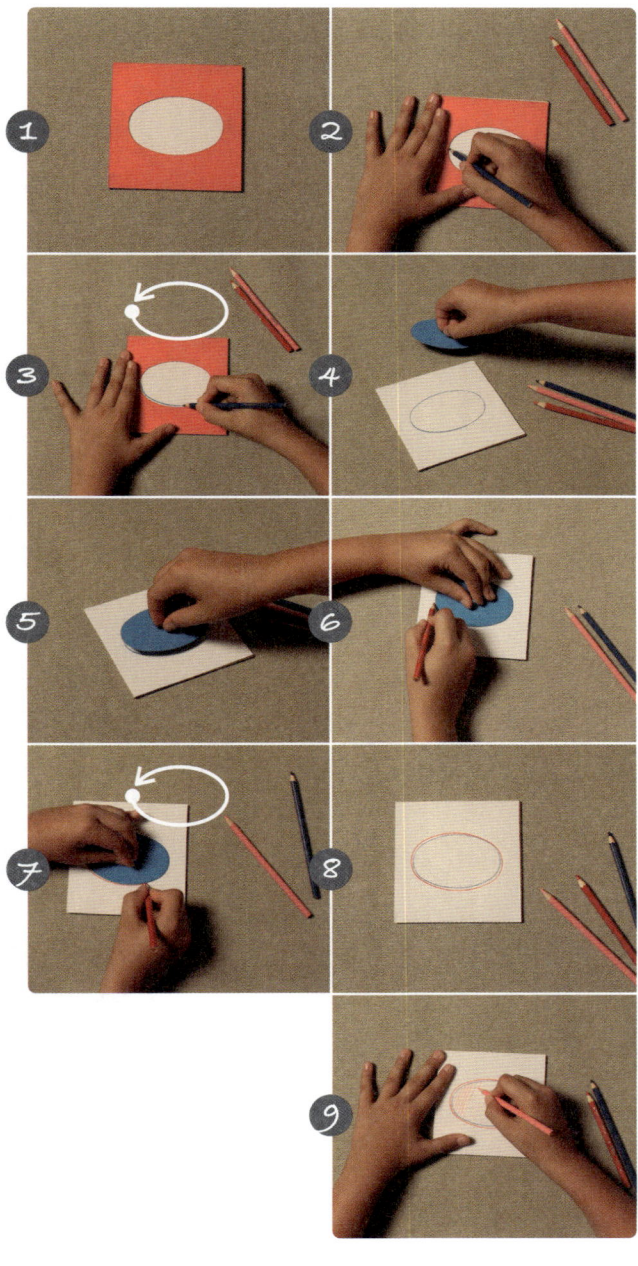

Anwendung des Drei-Punkt-Griffes, der leichten Hand und der festen Hand

1 Um das Papier zu greifen und den Stift zu führen, verwendet das Kind den *Drei-Punkt-Griff*.

2 Beim Ansetzen des Stiftes wendet es *die feste Hand* an - der Stift landet exakt auf dem Punkt, an dem das Kind mit dem Spuren startet.

3 Beim Spuren benötigt es *die leichte Hand,* um in einer Bewegung die Spur auszuführen. Gleichzeitig benötigt es auch *die feste Hand*, da der Druck des Stiftes nach *außen* gerichtet werden muss, um an der Ausfräsung zu bleiben. Beim Abstoppen der Schwungbewegung wendet es wieder *die feste Hand* an. Es stoppt exakt dort, wo es gestartet ist.

4
5 Beim Greifen des Knopfes wendet das Kind den *Drei-Punkt-Griff* an. Beim exakten Auflegen der positiven Fläche auf der entstandenen Spur wendet es *die feste Hand* an.

6 Um den Stift zu führen, verwendet das Kind den *Drei-Punkt-Griff*. Beim Ansetzen des Stiftes wendet es *die feste Hand* an - der Stift landet exakt auf dem Punkt, wo das Kind mit dem Spuren startet.

7 Beim Spuren benötigt es *die leichte Hand*, um in einer Bewegung die Spur auszuführen. Gleichzeitig benötigt es auch *die feste Hand*, da der Druck des Stiftes nun nach *innen* gerichtet werden muss, um an der Fläche zu bleiben.

8 Beim Abstoppen der Schwungbewegung wendet es wieder *die feste Hand* an. Es stoppt exakt dort, wo es gestartet ist.

9 Um den Stift zu führen, verwendet das Kind den *Drei-Punkt-Griff*. Um den Stift exakt anzusetzen, wendet das Kind *die feste Hand* an. Beim Schraffieren benötigt es *die leichte Hand* – es erfordert Schwung, den Strich zu spuren.

Um den Schwung wieder punktgenau zu stoppen, wird *die feste Hand* bei jedem Strich wieder beansprucht.

Hinweis:

· Linkshänder starten die Spur über dem Handrücken der rechten Hand und spuren gegen den Uhrzeigersinn bis zum Ausgangspunkt.

2.3 Schreiben

2.3.1. Sandpapierbuchstaben

Voraussetzungen:

· Indirekte Schreibvorbereitung
· Metallene Einsätze

Alter: Ab 3 Jahren

Ziel:

· Kennenlernen der Laute der Buchstaben
· Kennenlernen der Schreibweise der Buchstaben

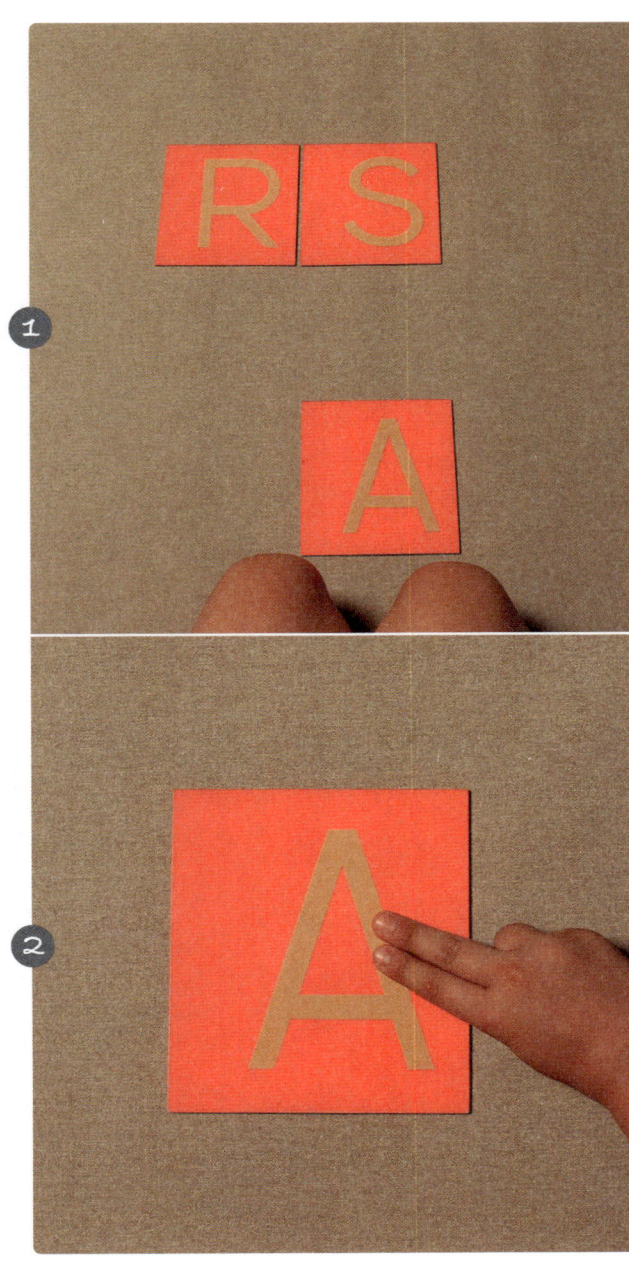

1. Stufe der Wortlektion

1 Das Kind wählt drei Buchstaben aus: A, R und S.
Zwei der Buchstaben werden nach oben an den
Teppichrand geschoben (R und S), einer wird vor das Kind
gelegt (A).

2 Der Buchstabe wird langsam vor dem Kind nachgespurt.
Das Kind soll zusehen und dasselbe nachmachen.

Der Buchstabe wird ein zweites Mal nachgefahren,
diesmal wird dazu der Laut gesprochen.
L: „AAAAAAA"
Wichtig ist es, den Laut so lange klingen zu lassen,
bis der Buchstabe nachgespurt ist.

Das Kind soll zusehen und zuhören
und dasselbe nachmachen.

Dann wird der Buchstabe nachgefahren, dazu gelautet und
im Anschluss daran ein Beispiel gesprochen,
das den jeweiligen Laut im Anlaut hat.
L: „AAAAAAAA wie Affe"

Das Kind soll zusehen und zuhören
und dasselbe nachmachen.

Es folgen zwei weitere Beispiele des Erwachsenen.
Das Kind soll angeregt werden, selber Beispiele zu finden.
L: „AAAAAAA wie Anton"
L: „AAAAAAA wie Anakonda"

L: „Fällt dir auch ein Wort ein, das mit „A" beginnt?"
K: „AAAAAA wie Ameise"
K: „AAAAAA wie Ast"

Der bearbeitete Buchstabe wird nach oben an den
Teppichrand geschoben und ein anderer nach unten geholt.

Die Übung wiederholt sich auf die gleiche Weise,
bis mit dem Kind alle drei Buchstaben
bearbeitet wurden.

Hinweis:

Für gewöhnlich wird das Kind Buchstaben auswählen,
deren Formen ihm bekannt sind (z. B. Buchstaben seines
Namens).

Die Leiterin kann, je nach Fähigkeiten des Kindes,
folgendes Wissen zum Einsatz bringen:

Die Unterscheidung der Buchstaben fällt dem Kind am
leichtesten, wenn folgende Kriterien berücksichtigt werden:

· die Buchstaben unterscheiden sich deutlich
  in ihrer Form bzw. Schreibweise

· die Buchstaben unterscheiden sich deutlich
  in ihrem Klang

· die Buchstaben unterscheiden sich in ihrem Lautbildungs-
  ort im Mund (Lippen-Bereich, Mundraum oder
  Zäpfchen-Bereich)

Zeige- und Mittelfinger werden bei dieser Übung immer
als „Nachspur-Finger" verwendet. Beim Nachspuren ist es
wichtig, genau auf die richtige Schreibweise des Buchstabens zu achten!

Hat der ausgewählte Buchstabe einen kurz gesprochenen
Laut, wird dieser mehrmals hintereinander gebildet.

Wenn dem Kind nichts einfällt, kann man versuchen, es mit
ein paar Fragen auf eine Idee zu bringen:
„Ich kenne einen Gegenstand, den du siehst, wenn du die
Straße überqueren willst. Er hat ein grünes und ein rotes
Licht. Bei Grün darfst du gehen."

Oder man schickt das Kind mit einem Korb in der Gruppe
oder Klasse zum „Einkaufen". Es darf eine bestimmte Anzahl
an Gegenständen holen, am Teppich werden dann Anlaute
gesucht.

Wenn Kinder Wörter finden, in denen das „A" der In- oder
Auslaut ist, ist sein phonologisches Bewusstsein schon gut
entwickelt. Deshalb zählen solche Beispiele auch als richtig.

2. Stufe der Wortlektion

L: „Nimm das A, spure es nach,
   sprich dazu und lege es …"
K: „AAAAAAAA"

L: „Nimm das S, spure es nach,
   sprich dazu und lege es …"
K: „SSSSSSSSS"

L: „Nimm das R, spure es nach,
   sprich dazu und lege es …"
K: „RRRRRRRRR"

L: „Hol mir wieder das A, spure es nach
   und sprich dazu."
K: „AAAAAAA"

L: „Hol mir wieder das R, spure es nach
   und sprich dazu."
K: „RRRRRRRRRRRR"

L: „Hol mir wieder das S, spure es nach
   und sprich dazu."
K: „SSSSSSSS"

3. Stufe der Wortlektion

L: „Fahre diesen Buchstaben nach
   und sag mir, wie er heißt."
K: „SSSSSSSSS"

L: „Und dieser?"
K: „AAAAAAA"

L: „Und dieser?"
K: „RRRRRR"

Hinweis:

Wichtig ist es, das Kind immer aufzufordern, den Buchstaben nachzuspuren und dazu zu lauten, da im Alter von vier bis sieben Jahren das Muskelgedächtnis noch stark ausgeprägt ist und dem Kind auf der Handlungsebene ein leichtes Lernen ermöglicht.

Buchstaben, die mehrere Laute haben, sollen erst „spät" eingeführt werden (Y, C und V). Hier soll nur der Erwachsene Beispiele vorgeben. Eine Hilfe ist es, dem Kind zu erklären, dass sich diese Buchstaben „verkleiden" können.

Weitere Übungen:

· Dem Kind einen der Buchstaben in die Hand oder auf den Rücken schreiben. ❶
  Das Kind kann den Buchstaben auf dem Teppich zeigen oder den Laut dazu sprechen.

· Das Kind schließt die Augen und bekommt einen Buchstaben zum Ertasten. ❷

· Das Kind kann Buchstaben in die Sandwanne schreiben, mit Wolle und Tixo auf den Gang kleben, in Zeitungen suchen, ausschneiden und aufkleben, u.s.w.

So wird nach und nach, je nach Interesse und Konzentrationsfähigkeit des Kindes, ein Buchstabe nach dem anderen erarbeitet, bis das Kind alle kennt.

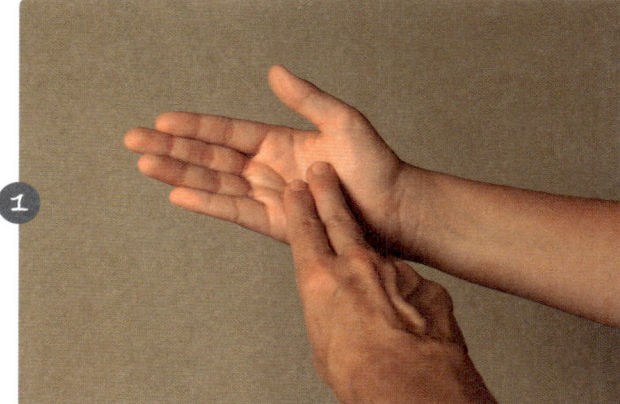

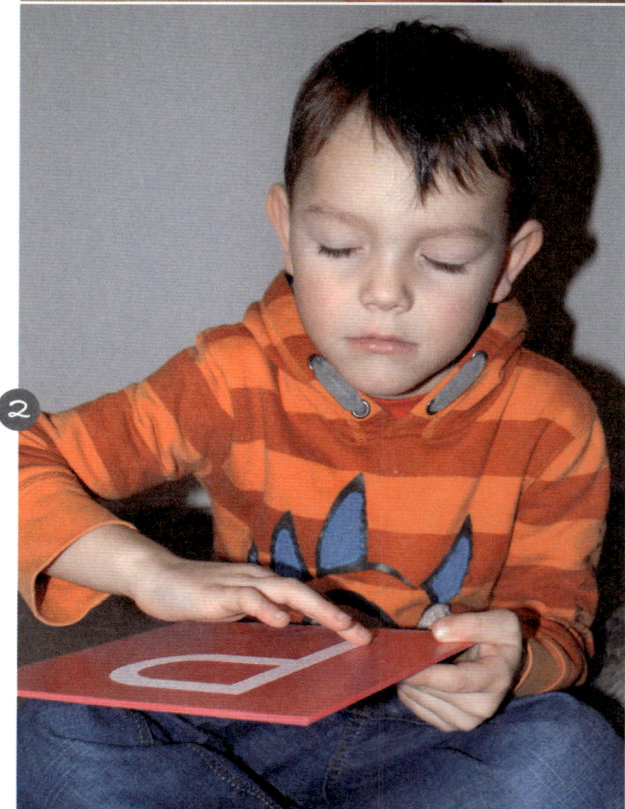

Anwendung in der Grundschule

Im Arbeitsbereich Kindergarten werden die allermeisten Kinder mit den Großbuchstaben arbeiten.

In der Grundschule empfiehlt es sich, die kleinen Sandpapierbuchstaben zeitnah zu den großen einzuführen. **1**

Dies lässt sich folgendermaßen präsentieren:

Zu den drei erarbeiteten Großbuchstaben legt die Leiterin die dazugehörigen Kleinbuchstaben in Unordnung auf.

Das Kind soll zuerst „raten", welche Buchstaben zusammengehören. Die Leiterin ergänzt bzw. klärt die richtige Zuordnung. **2**

Wortlektion

Der Kleinbuchstabe wird langsam vor dem Kind nachgespurt. **3**

Wichtig ist es, beim Nachspuren wieder genau auf die Schreibweise des Buchstabens zu achten!
Das Kind soll zusehen und dasselbe nachmachen.

Der Buchstabe wird ein zweites Mal nachgefahren, diesmal wird dazu der Laut gesprochen.
Wichtig ist es, den Laut so lange zu sprechen, solange auch der Buchstabe nachgefahren wird.

L: „aaaaaaaaaa"

Das Kind soll zusehen und zuhören und dasselbe nachmachen.
K: „aaaaaaaaaa"

Dann wird der Buchstabe nachgefahren, dazu gelautet und im Anschluss daran ein Beispiel gesprochen, das den jeweiligen Laut als Inlaut hat.
L: „aaaaaaaaaa wie in Banane"
K: „aaaaaaaaaa wie in Banane"

Die Wortlektion wird wie bei der Einführung der Großbuchstaben weitergeführt.

Hinweis:

Hat der ausgewählte Buchstabe einen kurz gesprochenen Laut, wird dieser mehrmals hintereinander gebildet.

Da es für das Kind schwierig ist, Beispiele zu finden, in denen das „a" ein In- oder der Auslaut ist, kann die Leiterin sich darauf beschränken, Beispiele vorzugeben. Hier könnten auch gesammelte Gegenstände auf das „a" untersucht werden.

2.3.2 Bewegliches Alphabet

Voraussetzungen:

· Indirekte Schreibvorbereitung
· Metallene Einsätze
· Sandpapierbuchstaben – Buchstabenkenntnis

Für die Arbeit benötigt das Kind zusätzlich lautgetreue Gegenstände. Lautgetreu bedeutet eine 1:1-Laut-Buchstabenzuordnung.

Es gibt verschiedene Ausführungen des Beweglichen Alphabetes: Groß- oder Kleinbuchstaben und Selbst- und Mitlaute farbig differenziert oder einfarbig. Da das Kind hier ausschließlich die Technik des Schreibens erwirbt, ist es nicht von Belang, welche Ausführung gewählt wird.

Alter: Ab 4 Jahren

Ziel:

· Den Kindern die „Technik" des Schreibens vermitteln

· Aus einem Wort die Einzellaute folgerichtig analysieren

· Schriftzeichen den Lauten zuordnen

Vorgangsweise

Das Kind wird aufgefordert, die lautgetreuen Gegenstände zu benennen.
K: „Das ist eine Banane, eine Tomate, ein Salat, eine Kiwi und eine Melone."

Die Leiterin fordert das Kind auf, einen Gegenstand auszuwählen, dieser wird vor das Kind gelegt.
L: „Such dir einen Gegenstand aus."

L: „Was hast du dir ausgesucht?"
K: „Salat" ❶
oder L: „Du hast den Salat ausgewählt."
Die Leiterin spricht einmal den Namen des Gegenstandes langsam und richtig betont aus.

Die Leiterin beginnt, den ersten Laut des Wortes zu sprechen und sucht dabei aus den Buchstaben das richtige Symbol dazu aus. Sie nimmt das „S" und legt es neben den Salat. ❷

Dann lautet sie weiter – den zweiten Laut des Wortes. ❸ Das macht sie so lange, bis das Wort vollständig mit den Buchstaben dargestellt ist. S_A_L_A_T ❹

Nach einem Blickkontakt mit dem Kind werden die Buchstaben und der Gegenstand zurückgelegt.

Hinweis:

— Da Gegenstände zwei Namen haben können, zum Beispiel Tomate / Paradeiser, ist es wichtig, die Begriffe zu klären. Hier sollen die Begriffe lautgetreu sein.

Wenn das Kind die Namen mehrerer Gegenstände nicht kennt, bietet man eine Wortlektion an.

— Bei der Suche wird der Laut so lange gesprochen, bis der Buchstabe gefunden wird. Kurze Laute werden mehrmals wiederholt.

Wenn die Leiterin langsam nach dem Buchstaben sucht, kann das Kind schnell erkennen was zu tun ist und bei der Suche helfen.

Wichtig ist es darauf zu achten, dass immer nur der nächste Laut gesprochen wird! Die Leiterin soll nie von vorne beginnen, da es um das Schreiben, nicht aber um das Lesen von Wörtern geht.

— Das geschriebene Wort soll nicht mehr gelesen oder nochmal gesprochen werden!

Weitere Vorgangsweise

Das Kind darf sich einen neuen Gegenstand auswählen.
L: „Was hast du dir ausgesucht?"
K: „Das ist eine Tomate."

Die Leiterin beginnt zu lauten. Sie fordert das Kind auf, die Buchstaben, die es hört zu suchen und in Schreibrichtung neben den Gegenstand zu legen.
L: „Hilfst du mir beim Suchen?" … „T_O_M_A_T_E"

Nach einem Blickkontakt mit dem Kind werden die Buchstaben und der Gegenstand wieder zurück in die Kiste gelegt.

Eine nochmalige Steigerung der Schwierigkeit wird dem Kind geboten, wenn es angeregt wird, selber die Laute zu sprechen und dazu die Buchstaben zu suchen.

Das Kind wählt also einen Gegenstand und benennt ihn.
K: „Das ist eine Melone."

Dann spricht es einen Laut nach dem anderen und sucht dazu die entsprechenden Buchstaben: M_E_L_O_N_E. Diese legt es nacheinander neben den Gegenstand.

Hinweis:

Wenn das Kind einzelne Buchstaben noch nicht kennt, können sie ihm direkt gezeigt werden.

— Das geschriebene Wort soll nicht mehr gelesen oder nochmal gesprochen werden!

— In dieser Phase werden möglicherweise „Skelett-Worte" entstehen. Diese werden aber ebenso kommentarlos, nach einem Blickkontakt, wieder aufgeräumt. ⑤

Die Leiterin erhält Rückmeldung, ob das Kind schon in der Lage ist, aus einem Wort alle Einzellaute herauszuanalysieren. In der Regel wird diese Phase schnell durchlaufen und das Kind schafft es, alle Laute eines Wortes zu „hören".

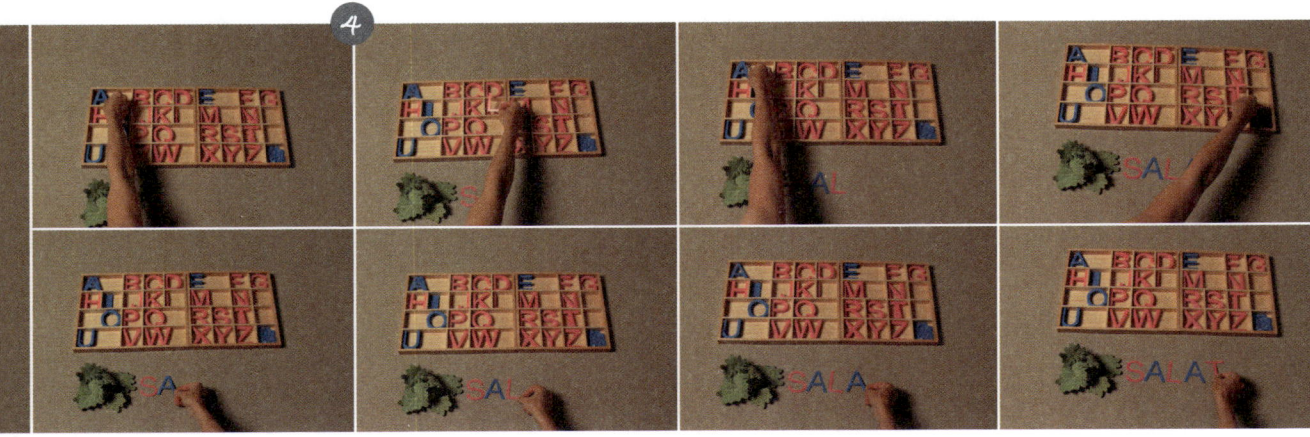

2.4. Weiterführendes Schreiben

Voraussetzungen:

· Indirekte Schreibvorbereitung
· Metallene Einsätze
· Sandpapierbuchstaben – Buchstabenkenntnis
· Bewegliches Alphabet

Montessori fordert die Leiterin auf, dem Kind – nachdem es sich die Technik des Schreibens angeeignet hat – ein vielfältiges Angebot zu bieten, in dem es sein neu erworbenes Wissen perfektionieren kann.

Es ist demnach die Aufgabe der Leiterin, eine Umgebung zu schaffen, in der das Kind angeregt wird zu schreiben.

Montessori formuliert die Freude des Kindes in dieser Phase als „Explosion des Schreibens".

Mit der Fehlerkorrektur soll sehr sensibel umgegangen werden. Das Kind hat bislang die Fähigkeit erworben, die Laute, die es hört, zu verschriftlichen. Deshalb hat es hier noch keinen Sinn, Rechtschreibbesonderheiten einzufordern, da das Kind diese erst zu einem späteren Zeitpunkt erlernen wird.

Alter: Ab 5 Jahren

Ziel:

· Die erlernte Technik des Schreibens üben

Ideenangebot für eine „Vorbereitete Umgebung" für Kinder, die die „Explosion des Schreibens" erleben

· Tafel, Kreide, auch Straßenkreide für den Garten oder Schulhof

· „Wirtshaus" spielen und eine Speisekarte schreiben ❶

· Mit den Kindern kochen und Rezepte schreiben lassen ❷

· Wörter und Buchstaben aus Zeitungen ausschneiden und aufkleben ❸

· Mit Wolle oder Vorhangketten Wörter großflächig legen und mit einzelnen Körperteilen nachfahren ❹ (beliebt sind das Ohr und der Popo)

· Hohlwörter und Hohlbuchstaben bekleben: Dazu verschiedene Formate anbieten, bis zu A3. Man kann einzelne Buchstaben mit Gegenständen bekleben, die den gleichen Anlaut haben wie der Buchstabe selbst. Das *W* mit Wollschnipsel, das *K* mit Korkenscheiben, ... ❺

· Geburtstagswünsche ❻

· Zauberschrift mit Klebstoff und Sand ❼

· Wörter und Buchstaben mit Bügelperlen, dem Gummiringerl-Spannbrett, aus Löt-Draht schreiben ❽

· In Wachstafeln ritzen (diese können von den Kindern selber in Marmeladengläserdeckel gegossen werden) ❾

· Mit Buchstabenperlen Wörter fädeln ❿

· In die Sandwanne schreiben

· Wörter prickeln, sticken, nähen

· Stempeln, Drucken, Schreibmaschine, Computer

· Kalligraphie-Federn anbieten

· Verschiedenste Stifte und unterschiedlichste Papierformate und Papierqualitäten anbieten

3. Lesen

3.1. Erstes Lesen mit Gegenständen

Voraussetzungen:

· Buchstabenkenntnisse

· Für die Arbeit wird ein Korb mit lautgetreuen
  Gegenständen benötigt. Dazu Karten, auf denen
  die Wörter der Gegenstände geschrieben stehen.

· Darüber hinaus sind Papierstreifen
  und ein Stift erforderlich.

Um lesen zu können, muss das Kind folgende Fähigkeiten üben:

Das Kind muss Buchstaben den entsprechenden Lauten
zuordnen, die Laute aneinanderreihen und verschmelzen
und dann den Sinn des Wortes erfassen.

Hinweis:

· Langsames Aufnehmen von sprachlichen Besonderheiten

· Das Kind entfernt sich von der absoluten 1:1-Lautzuord-
  nung, z.B. Auslautverhärtung oder Verbindungen (-el, -er)

➡ Download

Alter: Ab 4 Jahren

Ziel:

· Die Technik des Lesens erwerben

· Erkennen, dass aneinandergereihte Laute
  einen Sinn ergeben können

Kiwi

Banane

Tomate

Salat

Melone

Vorgangsweise

Das Kind wird aufgefordert, die lautgetreuen Gegenstände
zu benennen.
L: „Kannst du mir sagen, was das ist?"
K: „Das ist eine Banane, eine Tomate, ein Salat,
    eine Kiwi und eine Melone."

1 Die Leiterin schreibt dem Kind auf, was sie haben möchte,
das Kind soll gleich laut mitlesen.
L: „Ich schreibe dir auf, was du mir bitte gibst.
    Lies gleich laut mit."
K: „M E L O N E"

Die Leiterin fordert das Kind auf, schneller zu lesen.
L: „Lies schneller!" „Lies zusammen!"
K: „M_E_L_O_N_E"

Das Kind liest schneller und schneller und bringt letzt-
endlich, was der Erwachsene von ihm haben möchte.
L: „Weißt du schon, was ich von dir will?"
K: „MELONE"

2 Das Kind holt den Gegenstand und legt ihn neben den
Wortstreifen.

3 Die Übung wird mindestens dreimal durchgeführt.

4 Anschließend werden die geschriebenen Streifen
eingesammelt, gemischt und das Kind soll sie neu
zuordnen.

Weiterführende Übungen

· Lesedosen mit lautgetreuen Gegenständen

· Wortkarten auf Gegenstände kleben **6**

· Namenskarten den Kindern zuordnen

Es kommt zu einer „Explosion des Lesens":
Das Kind liest voller Freude alle Wörter,
die ihm in seinem Lebensumfeld ins Blickfeld fallen.

Hinweis:

Die lautgetreuen Begriffe werden vorher mit dem Kind
erarbeitet. Wenn das Kind die Namen mehrerer Gegenstände nicht kennt, bietet man eine Wortlektion an.

Das Kind wird nach jedem Buchstabenlaut seine Sprache
absetzen und dann erst den neuen Laut bilden.

Für Kindergartenkinder soll in Blockschrift geschrieben
werden, für Grundschulkinder in Druckschrift.

Das Wort soll direkt vor den Augen des Kindes entstehen.

Die Leiterin kann auch schon nach zwei aufgeschriebenen
Buchstaben das Kind zur Lautverschmelzung auffordern.

Wenn es das Kind nicht schafft, die Laute aneinander zu
reihen, kann ihm die Aufforderung helfen, das Wort zu
„singen" oder das Wort in Silbenabständen zu lesen.
Letztendlich werden die erlesenen Silben aneinanderge-
hängt. So entsteht auch die richtige Intonation.

Durch eine anfangs begrenzte Anzahl an Gegenständen
kann das Kind schon alleine am Anlaut erkennen,
welcher Gegenstand gesucht wird.

Die Streifen und vorbereiteten Wortkarten ermöglichen es
dem Kind, die Arbeit alleine zu vertiefen. **5**

3.2. Die Arbeit mit den Phonogrammen

Alter: Ab 5 Jahren

Voraussetzungen:

· Die Technik des Lesens beherrschen

Phonogramme und Buchstabenverbindungen werden als ein Laut gesprochen.
In der deutschen Sprache gibt es davon folgende:

AI · AU · ÄU

CH · CHS · CK

EI · EU

IE

NG · NK

PF

SCH · SP · ST

TZ

➡ Download

Vorgangsweise

Montessoris Arbeit mit den Phonogrammen ist immer in fünf aufsteigende Arbeitsphasen gegliedert. Das Kind hat die freie Wahl, mit welchem Phonogramm es seine Arbeit beginnt, es werden aber immer folgende Arbeitsphasen eingehalten:

· Phonogrammarbeit mit Sandpapierbuchstaben

· Phonogrammarbeit mit Gegenständen

· Phonogrammarbeit mit Bildkarten bzw. Heftchen

· Phonogrammarbeit mit Wortkarten

· Phonogrammarbeit mit den Setzkästen

Das Phonogramm wird in der Erarbeitungsphase IMMER rot geschrieben.

Es ist darauf zu achten, dass die angebotenen Wörter und Gegenstände immer nur EIN Phonogramm beinhalten.

Auf weitere Besonderheiten der Lauttreue muss nicht mehr zusätzlich geachtet werden (Auslautverhärtung, schwierige Buchstabenfolgen, ...).

Ziel:

· Erkennen, dass bestimmte Buchstaben-kombinationen einen „neuen" bzw. „anderen" Laut haben können

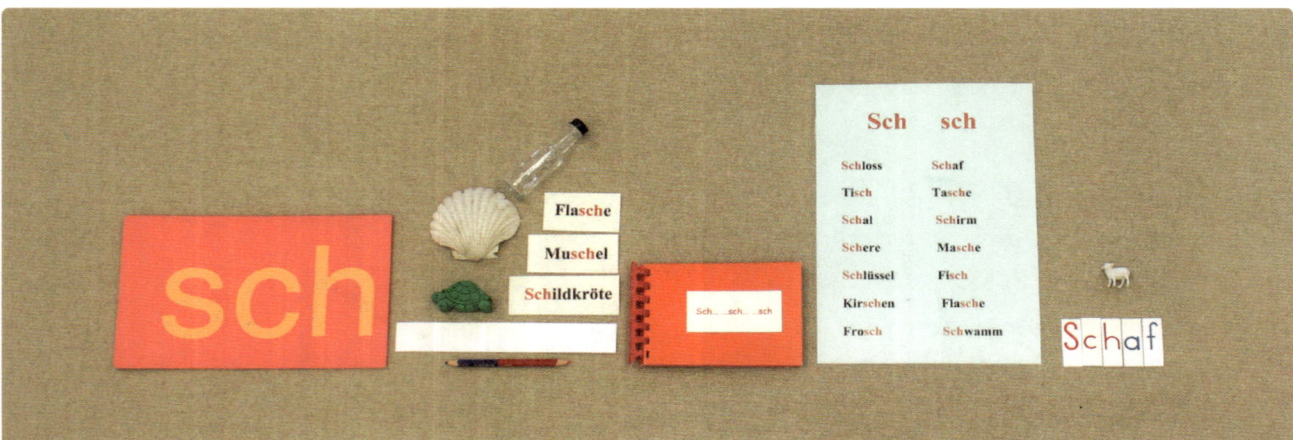

3.2.1. Die Phonogrammarbeit mit den Sandpapierbuchstaben am Beispiel „sch"

1 Die Leiterin legt die drei Buchstaben s, c, und h vor das Kind.
L: „Wenn diese drei Buchstaben in einem Wort in dieser Reihenfolge zusammenstehen, sagen wir „sch".

2 Die drei Buchstaben s, c und h werden gegen die Sandpapierplatte, auf der „sch" steht, ausgetauscht.

3 Das „sch" wird vor dem Kind langsam nachgespurt.

Wortlektion

Die Buchstaben werden ein zweites Mal nachgefahren, diesmal wird dazu der Laut gesprochen.
Wichtig ist, den Laut so lange zu sprechen, solange auch die Buchstaben nachgefahren werden.
L: „sch"

Das Kind soll zusehen und zuhören und dasselbe nachmachen.
K: „sch"

Dann wird das Phonogramm nachgefahren, dazu gelautet und im Anschluss daran ein Beispiel gesprochen, das das jeweilige Phonogramm als Anlaut hat.
L: „sch wie Schlange"

Das Kind soll zusehen und zuhören und dasselbe nachmachen.
K: „sch wie Schlange"

Es folgen zwei weitere Beispiele der Leiterin.
L: „sch wie Schaf", „sch wie Schnabel"
K: „sch wie Schaf", „sch wie Schnabel"

Das Kind soll angeregt werden, selber Beispiele zu finden.
L: „Fällt dir auch ein Wort ein, das mit „sch" beginnt?"
K: „sch wie Schere", „sch wie Schal"

Hinweis:

Die einzelnen Laute s, c, h werden nicht benannt

Zeige- und Mittelfinger werden bei dieser Übung immer als „Nachspur-Finger" verwendet.

Wichtig ist es, beim Nachspuren genau auf die richtige Schreibweise des Buchstabens zu achten!

Das Kind soll zusehen und dasselbe nachmachen.

Hat das ausgewählte Phonogramm einen kurz gesprochenen Laut, wird dieser mehrmals hintereinander gebildet.

Wenn dem Kind nichts einfällt, kann man versuchen, es mit ein paar Fragen auf eine Idee zu bringen. Zum Beispiel: „Ich kenne ein Tier, das sehr langsam kriecht. Es trägt sein Haus mit sich."

Oder man schickt das Kind mit einem Korb in der Gruppe oder Klasse zum „Einkaufen". Es darf eine bestimmte Anzahl an Gegenständen holen. Am Teppich werden sie dann auf den Anlaut „sch" untersucht.

Wenn Kinder Wörter finden, in denen das „sch" ein In- oder Auslaut ist, ist sein phonologisches Bewusstsein schon gut entwickelt. Deshalb zählen solche Beispiele auch als richtig.

3.2.2.
Die Arbeit mit den Phonogrammgegenständen

1 Dem Kind werden verschiedene Gegenstände vorgelegt,
die ein „sch" als An-, In- oder Auslaut haben.
Diese soll es benennen.
L: „Weißt du, was das ist?"
K: „Ein Schaf, ein Tisch, eine Flasche, eine Schildkröte
und eine Muschel."

2 Die Leiterin schreibt dem Kind auf, was sie haben möchte.
Auf einen Papierstreifen wird nun zum Beispiel „Flasche"
geschrieben. Das „sch" wird in Rot geschrieben.
L: „Ich schreibe dir auf, was du mir bitte gibst.
Lies gleich laut mit."
K: „Flasche"

3 Das Kind legt den gesuchten Gegenstand
neben den Wortstreifen.

4 Es folgen mindestens zwei weitere Beispiele.

5 Weiterführend werden die geschriebenen Streifen
eingesammelt, gemischt und das Kind soll sie neu
zuordnen.

Hinweis:

Die ausgewählten Gegenstände
dürfen nur ein Phonogramm im Wort haben.

Die Streifen und vorbereiteten Wortkarten
(auf denen das Phonogramm ebenfalls rot dargestellt ist),
ermöglichen dem Kind, die Arbeit alleine zu vertiefen. **6**

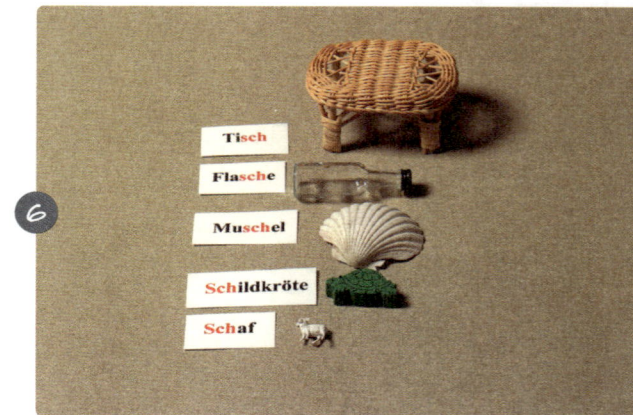

3.2.3.
Phonogrammarbeit mit Bildkarten bzw. Heftchen

1 Dem Kind werden Hefte angeboten, auf denen Bilder mit „sch"-Gegenständen abgebildet sind.

Für Kindergartenkinder ist das jeweilige Wort auf der Nebenseite abgebildet, das „sch" in Rot hervorgehoben. Grundschulkinder lesen zuerst das Wort, das Bild ist als Fehlerkontrolle auf der Rückseite. L: „Kannst du mir das vorlesen?"

Die Kinder lesen die Hefte zuerst mit dem Erwachsenen zusammen, dann alleine. Weiterführend können die Kinder selber ein Heft gestalten oder die Wörter abschreiben und diese illustrieren.

3.2.4. Phonogrammarbeit mit Wortkarten

2 Dem Kind wird eine Karte angeboten, auf der eine Sammlung von Wörtern zu finden ist. Jedes Wort beinhaltet wieder nur ein Phonogramm. Dieses wird ebenfalls wie bei den Vorübungen in Rot dargestellt.

Das Kind liest die Wörter auf der Karte, schreibt sie ab oder findet selber noch zusätzliche Beispiele.

3.2.5. Phonogrammarbeit mit den Setzkästen

3 Die Setzkästen zu den Phonogrammen stellen ein Zusatzmaterial zur Phonogrammarbeit dar. Sie beinhalten das Alphabet und bestehen aus zwei Serien, einer roten und einer blauen. Auf der einen Seite sind die Kleinbuchstaben abgebildet. Wenn man den Buchstaben dreht, ist der Großbuchstabe zu sehen.

Mit den Buchstaben der Setzkästen können die Kinder die Wörter zu den Phonogrammgegenständen legen bzw. schreiben. Sie können die Wörter zu den Gegenständen und Bildern der Phonogrammhefte legen und auch die Wörter der Phonogrammkarten nachlegen bzw. schreiben.

Hinweis:

Auf jeder Seite soll nur ein Bild bzw. Wort dargestellt sein.

Für Kindergartenkinder soll in Blockschrift geschrieben werden, für Grundschulkinder in Druckschrift.

Die Arbeit mit Bildern stellt eine Abstraktion zur Arbeit mit Gegenständen dar.

Während bei den vorherigen Übungen immer mit Gegenständen und Nomen gearbeitet wurde, können hier jetzt auch Verben oder anderen Wortarten angeboten werden.

Hier sind zum ersten Mal mehrere Wörter auf einer Seite zu finden.

Die Arbeit nur mit Wörtern stellt eine Abstraktion zu der Arbeit mit den Bildern dar.

Hier wird das Kind zum ersten Mal auf der Handlungsebene zur Groß- und Kleinschreibung aufgefordert.

Das entstandene Wort wird im Anschluss an das Schreiben gelesen und, wenn es sich um ein Nomen handelt, mit dem Artikel gesprochen: „muschel - die muschel": In diesem Zug wird das „m" umgedreht und zum „M" gemacht.

3.3. Weiterführendes Lesen

Voraussetzungen:

· Die Technik des Lesens beherrschen

· Arbeit mit Phonogrammen

Für das weiterführende Lesematerial gibt es eine Fülle von Anregungen, die sich oft mit dem Kosmischen Bereich überschneiden.

Welche weiterführenden Lesematerialien dem Kind angeboten werden, entscheidet der Erwachsene. Das Lesematerial soll die Kinder fordern, aber nicht überfordern.

Hinweis:

Entsprechend der Lesefertigkeit des Kindes werden die angebotenen Leseübungen angepasst.

· einzelne Wörter

· kurze Sätze

· die Sätze werden länger

· Satzfolgen

· Texte

· Geschichten

Alter: Ab 5 Jahren

Ziel:

· Die Fähigkeiten des Lesens werden geübt und vertieft

· Sinnerfassendes Lesen

· Lesefreude soll geweckt werden

Leseübungen mit einzelnen Wörtern

· Gegenstand – Wortzuordnungen ①

· Bild – Wortzuordnungen
(Werkzeug, Hunderassen, Obst, Gemüse, Fahrzeuge, …)
②

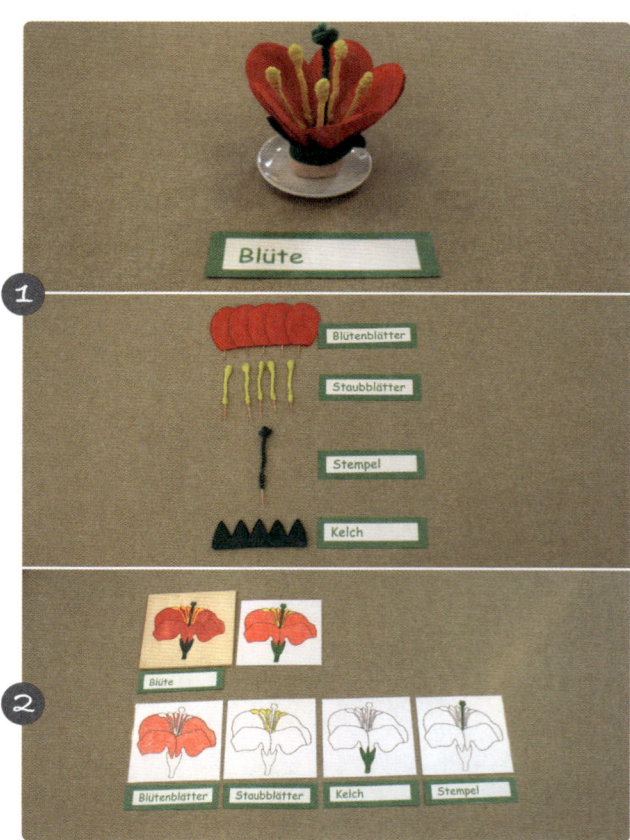

Leseübungen mit Sätzen und Texten

Aufträge: Die Leiterin formuliert Aufträge für die Kinder, die auf Streifen geschrieben werden. Die Umgebung soll so vorbereitet sein, dass das lesende Kind alle Aufträge ausführen kann.

Die Aufträge können in einem Satz eine, zwei oder mehr Aufgaben beinhalten. Beispiele:

· Stelle deinen Stuhl auf das Lehrerpult.
· Öffne das Fenster und spucke hinaus.
· Öffne die Klassentüre, gehe hinaus und rufe deinen Namen.

Unterschiedliche Lesetexte: diese können in der Länge je nach Fähigkeiten der Kinder variieren:

· Gegenstand- oder Wortzuordnung zu einem Text, ❸ einem Lückentext oder einem Puzzletext.
· Witze, Gedichte, Auszählreime, Zaubersprüche, Reime, Zungenbrecher, ...

Bücher und Geschichten: Literatur gibt es in den unterschiedlichsten Lesestufen. ❹

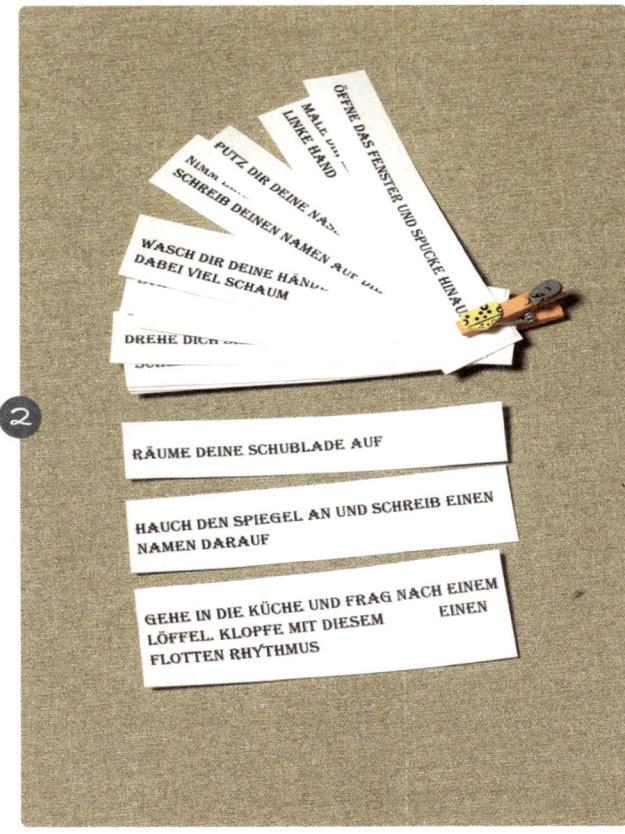

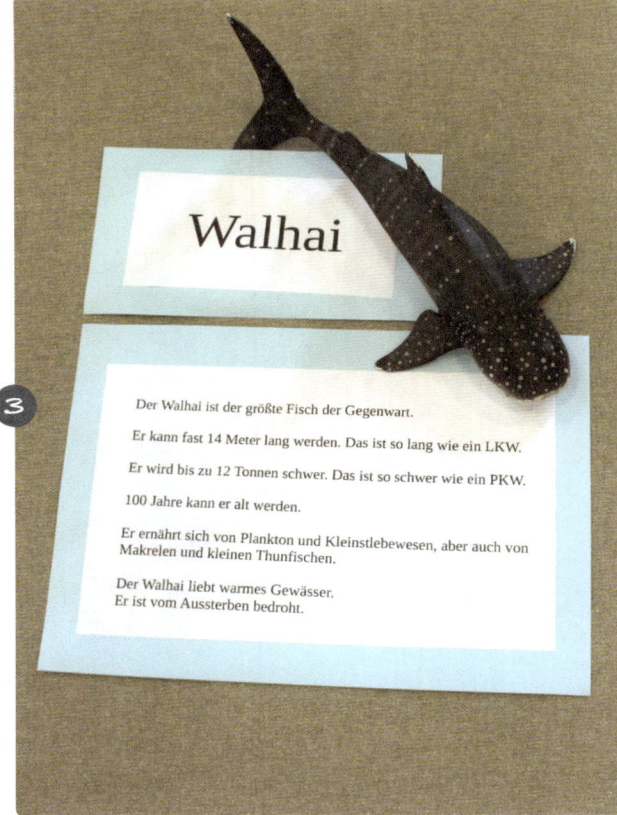

Walhai

Der Walhai ist der größte Fisch der Gegenwart.

Er kann fast 14 Meter lang werden. Das ist so lang wie ein LKW.

Er wird bis zu 12 Tonnen schwer. Das ist so schwer wie ein PKW.

100 Jahre kann er alt werden.

Er ernährt sich von Plankton und Kleinstlebewesen, aber auch von Makrelen und kleinen Thunfischen.

Der Walhai liebt warmes Gewässer.
Er ist vom Aussterben bedroht.

Definitionen

Bei den „Definitionen" kann das Kind je nach Lesefähigkeit verschiedene Interessensangebote wahrnehmen.
Dass Material ist in sich geschlossen und kann in der Lesefähigkeit variiert werden. So können Kinder unterschiedlichster Entwicklungsstufen mit dem gleichen Material arbeiten.

· Die Gegenstände werden in eine Ordnung gebracht
(entweder gepaart oder wie hier zyklisch gereiht) ❶

· Den Gegenständen wird ein Bild zugeordnet ❷

· Den Gegenständen wird ein Wort zugeordnet ❸

· Den Gegenständen wird ein Satz zugeordnet

· Den Gegenständen wird ein kurzer Text zugeordnet ❹

Weiterführende Übung:

· Den Gegenständen wird ein Lückentext zugeordnet ❺

· Der Text wird in Streifen zerschnitten
und vom Kind wieder richtig zusammengesetzt ❻

· Eigene Nacharbeit zu den Inhalten, z.B.: Hefteintrag,
Plakat, Referat…

Hinweis:

Diese Reihenfolge unterliegt keiner starren Ordnung, denn manchmal kann es notwendig sein, den gesamten Definitionstext zu lesen, um das einzelne Wort zuzuordnen oder die Reihenfolge des Zyklus herzuleiten.

Dies fördert und entwickelt die Fähigkeit, Informationen aus Texten zu gewinnen und zu verstehen.

Beispiele:

· Landschaftsformen
· Zyklische Entwicklung des Frosches, des Schmetterlings,
  der Biene, …

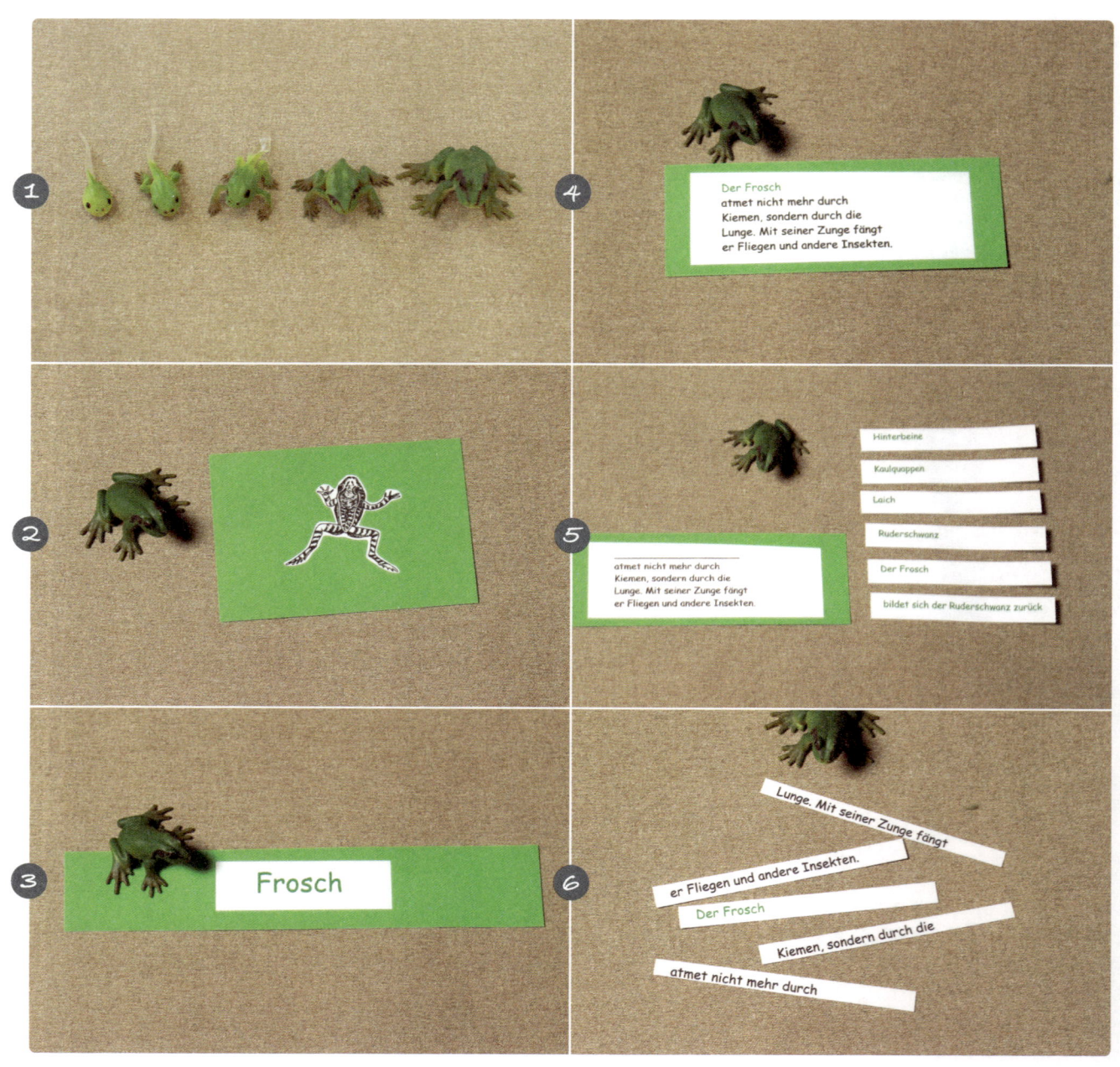

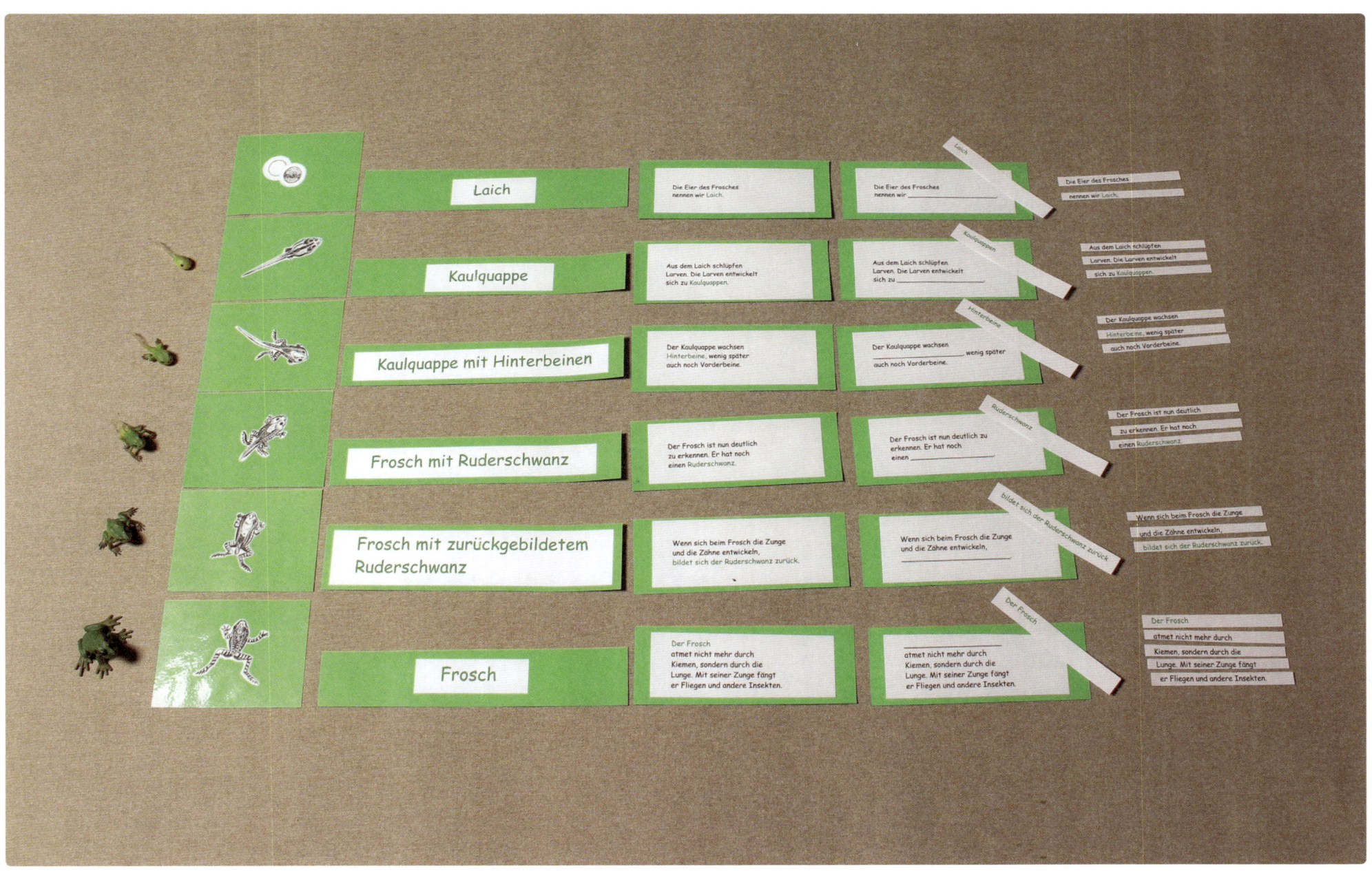

4. Wortgrammatik

Voraussetzungen:

· Lesefähigkeit

Montessori stellt dem Kind für die Arbeit mit den Wortarten einen Bauernhof zur Verfügung, der nach besonderen
Kriterien bestückt ist:

· Manche Gegenstände sind nur einmal vorhanden.

· Manche Gegenstände sind mehrmals vorhanden
  und identisch.

· Manche Gegenstände sind mehrmals vorhanden
  und unterscheiden sich in nur EINEM Merkmal.

· Die Ausstattung ist umfangreich. ❶

Hinweis:

Alternativ können auch andere Materialangebote zusam-
mengestellt werden, die diesen Kriterien entsprechen.

Alter: Ab 6 Jahren

Ziel:

· Das Kind erhält Einblick in die FUNKTION
  der Wortarten auf der Handlungsebene

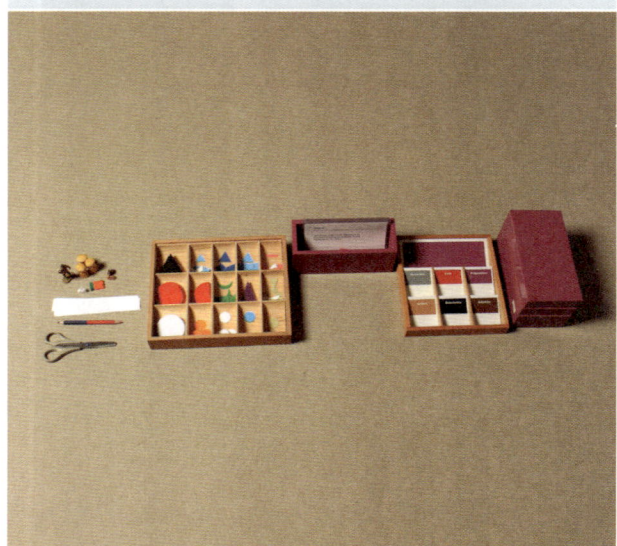

4.1. Aufbau der Einführungslektionen

Für jede Wortart gibt es eine eigene Einführungslektion.
Diese verläuft immer nach dem gleichen Aufbau:

1. Vorübung

Vorübungen sind immer mündlich.
Sie können mit einzelnen Kindern, aber auch mit einer
Gruppe durchgeführt werden.

2. Hauptübung

Hauptübungen sind immer schriftlich.
Sie werden mit einem Kind durchgeführt.

Die neue Wortart wird IMMER rot geschrieben.

Die Symboleinführung ist (ab dem Adjektiv)
Teil der Hauptübung. ❷

3. Weiterführende Übungen

Weiterführende Übungen dienen der Festigung und
Vertiefung. Sie können von einem Kind oder einer Gruppe
eigenständig bearbeitet werden.
Zu den weiterführenden Übungen gehört die Arbeit
mit den Auftrags- und Sprachkästen.

4.2. Festgelegte Reihenfolge

Die Wortarten werden in einer festgelegten Reihenfolge eingeführt:

1. Nomen

2. Artikel
Zuerst der „bestimmte Artikel",
dann der „unbestimmte Artikel"

3. Adjektiv
Nach der Grundeinführung des Adjektivs
folgen zwei weitere Lektionen,
die der Vertiefung dienen:
das „Logische Adjektiv" und das „Aufschlussreiche Adjektiv".

4. Numerale

5. Konjunktion

6. Präposition

7. Verb

8. Adverb

Für folgende Wortarten gibt es keine Einführungslektion:

Pronomen, Interjektion

Diese Wortarten sind nicht an die Einführungsreihenfolge gebunden. Sie werden dem Kind erklärt, wenn es bei einer Bestimmung in einem Text auf sie stößt.

Dies kann die Leiterin beeinflussen, indem sie dem Kind bewusst diese Wortarten in Wortgruppen oder Sätzen anbietet.

Die Einführungsreihenfolge ist nicht zufällig gewählt. Montessori orientiert sich dabei an der Sprachentwicklung des Kindes.

Alle Kinder folgen dabei dem gleichen inneren Bauplan. Sie sprechen zuerst *Nomen*, z. B. „Mama".

Dann verwenden sie *Adjektive*.
Sie sagen z. B. „Stein schwer" oder „Ofen heiß".

Sehr spät in der Sprachentwicklung verwendet das Kind das *Verb* grammatikalisch korrekt eingebettet (Konjugation, Zeitform, Stellung im Satzgefüge).

Montessori geht es bei der Wortartenzuordnung um die FUNKTION der Wortart.

Sie stellt sich die Frage:
Welche Aufgabe hat das Wort im angebotenen Satz?

Bsp.: RUNDE

Ich *runde* die Zahl. → *Verb*

Ich laufe eine *Runde*. → *Nomen*

Der *runde* Knopf ist lose. → *Adjektiv*

4.3. Einführungslektionen

4.3.1. NOMEN

Vorbereitende Übungen

Die Leiterin fordert das Kind auf, Gegenstände des Bauernhofes zu erkennen und zu benennen:
„Zeig mir die Kuh." **①**
oder
„Weißt du, wie dieser Gegenstand heißt ?"
oder
„Von welchem Gegenstand kennst du den Namen noch nicht?"

Hauptübung

Lektion

L: „Ich schreibe dir auf, was du mir geben sollst."

| Silo | Kuh | Bock |

· Die Gegenstände werden den Wortstreifen immer gleich zugeordnet. **②**

· Die Streifen werden eingesammelt, gemischt und vom Kind neu geordnet. **③**

Weiterführende Übungen

Original Montessori

Auftragskästen zum Nomen (schwarz) **④**

Von der Leiterin vorzubereiten

· Namenskarten für den Bauernhof **⑤**

· Namenskarten für Gegenstände im Raum

· Namenskarten, die nach unterschiedlichen Gesichtspunkten geordnet werden können (Geschlecht, Familien,…) **⑥**

· u.s.w.

Hinweis:

Wenn das Kind die Namen einzelner Gegenstände nicht kennt, wird eine Wortlektion angeboten.

Für Kindergartenkinder soll in Blockschrift geschrieben werden, für Grundschulkinder in Druckschrift.

Folgende Differenzierung wurde früher vorgenommen:

· Das abstrakte Nomen: Luft, Schmerz,…
· Das sakrale Nomen: Altar, Kirche, Gott,….

4.3.2. BESTIMMTER ARTIKEL

Vorbereitende Übungen

Die Leiterin fragt nach Dingen,
die nur einmal vorhanden sind.
„Wo ist der Bauer?" ❶
„Wo ist das Dach?"
„Wo ist die Hundehütte?"

Hinweis:

Bei der mündlichen Vorübung ist die „WO" - Frage
von zentraler Bedeutung (weil bei dieser Artikel und
Nomen immer im ersten Fall stehen).

Hauptübung

Lektion

L: „Ich schreibe dir auf, was du mir geben sollst."
(Dinge, die nur einmal da sind!)

Das Kind liest und holt den Gegenstand. ❷

· `der Hund`

Der Artikel und das Nomen werden auseinander-
geschnitten ❸ und der Artikel hinter das Nomen gelegt ❹

L: „Lies bitte."
Das Kind liest.
L: „Kann man das so sagen?"
Das Kind verneint.
L: „Wie gehört es richtig?"
Das Kind legt: `der | Hund` ❺

Hauptübung (Fortsetzung)

· die Magd

· das Fohlen

Der beschriebene Ablauf wird wiederholt.

Die Gegenstände werden den Karten immer gleich zugeordnet. 6

Die Artikel werden eingesammelt, gemischt und neu zugeordnet. 7

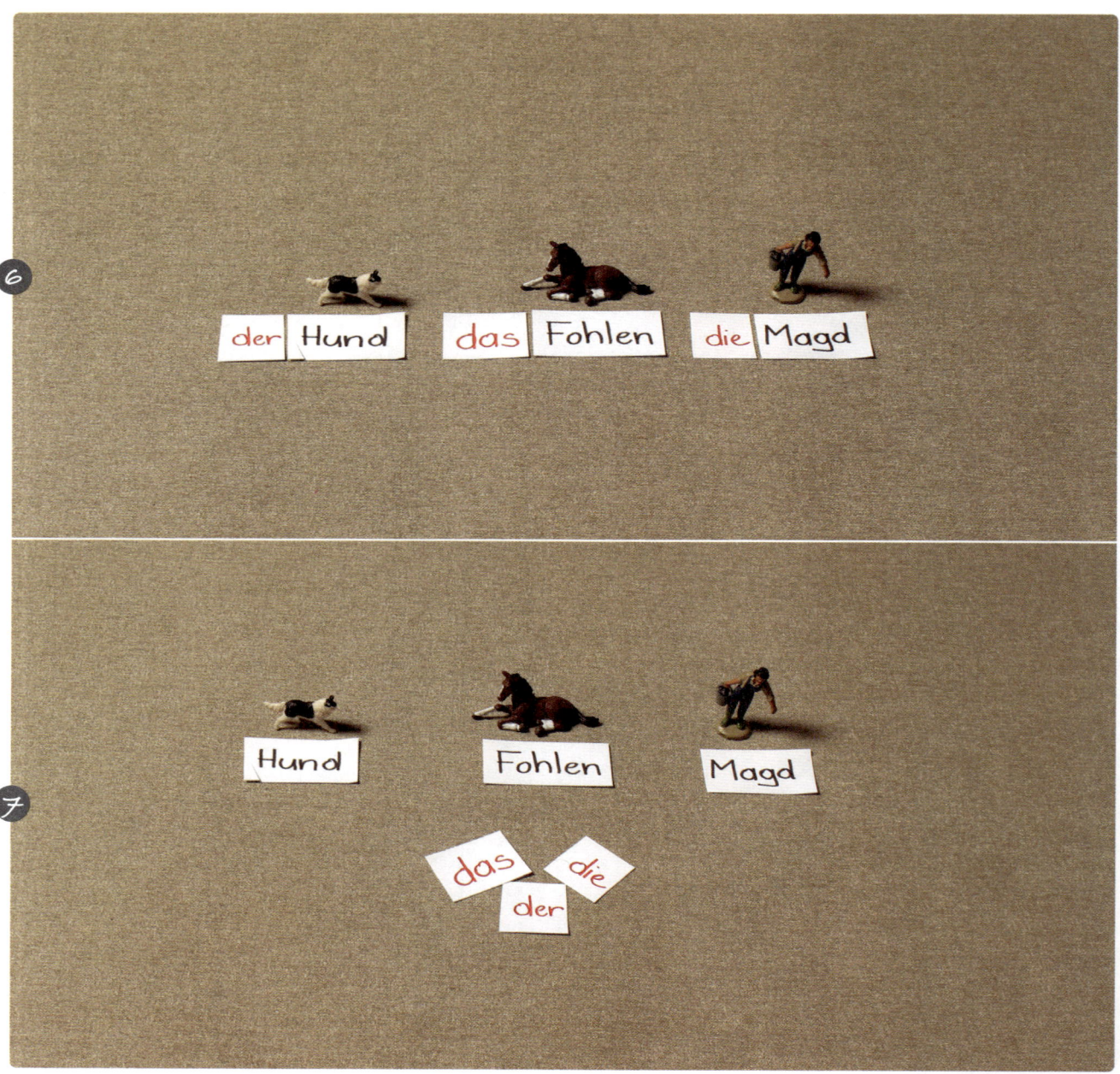

Weiterführende Übungen

Original Montessori

Sprachkasten zum Nomen (Substantiv) und Artikel (schwarz-hellbraun) ➊

Von der Leiterin vorzubereiten

· Gegenstände in ein „der – die – das – Register" einsortieren ➋

· Wortkarten, auf denen Artikel stehen und Wortkarten, auf denen Nomen stehen, werden nach dem Memory-Prinzip zusammengelegt

· Wortkarten mit den Artikeln „der, die, das" werden Gegenständen zugeordnet

· Artikel für die nächste Schwierigkeitsstufe werden nicht mehr rot geschrieben

Hinweis:

· Gerade zu Beginn der Übung ist es wichtig darauf zu achten, dass alle drei Geschlechter bei den angebotenen Beispielen enthalten sind (der, die, das)

· Bei Kindern mit nicht-deutscher Muttersprache soll der Artikel nicht vom Nomen weggeschnitten werden, da diese Kinder die deutsche Sprache nicht absorbiert haben. ➌
In manchen Sprachen steht der Artikel hinter dem Nomen oder er geht mit dem Nomen eine Verbindung ein. Oft hat das Nomen auch ein anderes grammatikalisches Geschlecht.

4.3.3. UNBESTIMMER ARTIKEL

Vorbereitende Übungen

Die Leiterin fragt nach Dingen, die mehrmals und absolut
identisch vorhanden sind, sooft der Gegenstand da ist.
„Zeig mir eine Taube." ❶
„Zeig mir eine Taube." ❷
„Zeig mir eine Taube." ❸
Dann fragt sie nach einem Gegenstand,
der nur ein Mal vorhanden ist.
„Wo ist der Trog?" ❹

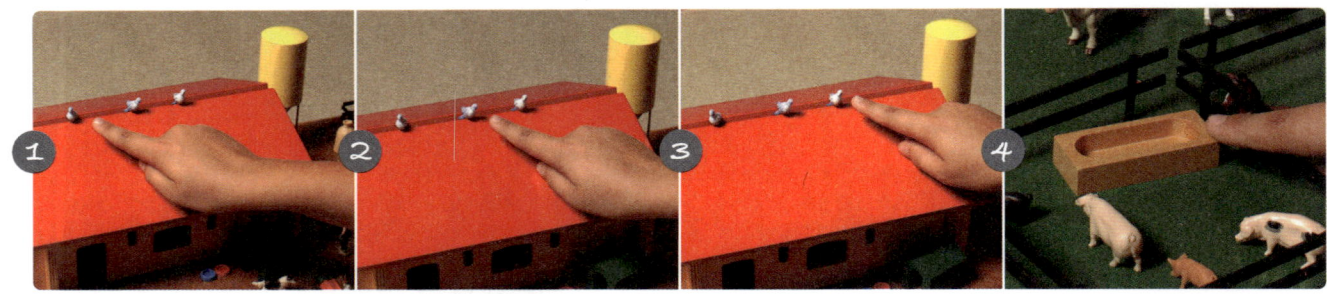

Hauptübung

Lektion

L: „Ich schreibe dir auf, was du mir geben sollst." (Dinge, die
mehrmals identisch da sind - sooft der Gegenstand da ist) ❺

· eine Ente

Das Kind liest und ordnet den Gegenstand zu.
Der Artikel und das Nomen werden auseinander-
geschnitten ❻ – der Artikel hinter das Nomen gelegt ❼ –
L: „Lies bitte."
Das Kind liest.
L: „Kann man das so sagen?"
Das Kind verneint.
L: „Wie gehört es richtig?"
Das Kind legt: eine | Ente ❺

· eine | Ente

Der beschriebene Ablauf wird wiederholt,
sooft der Gegenstand da ist ❽

· der Gockel

Der beschriebene Ablauf wird wiederholt. ❾

Zu Beginn der Übung soll darauf geachtet werden,
dass die ausgewählten Gegenstände ein unterschiedliches
Geschlecht haben (*die* Ente – *der* Gockel).

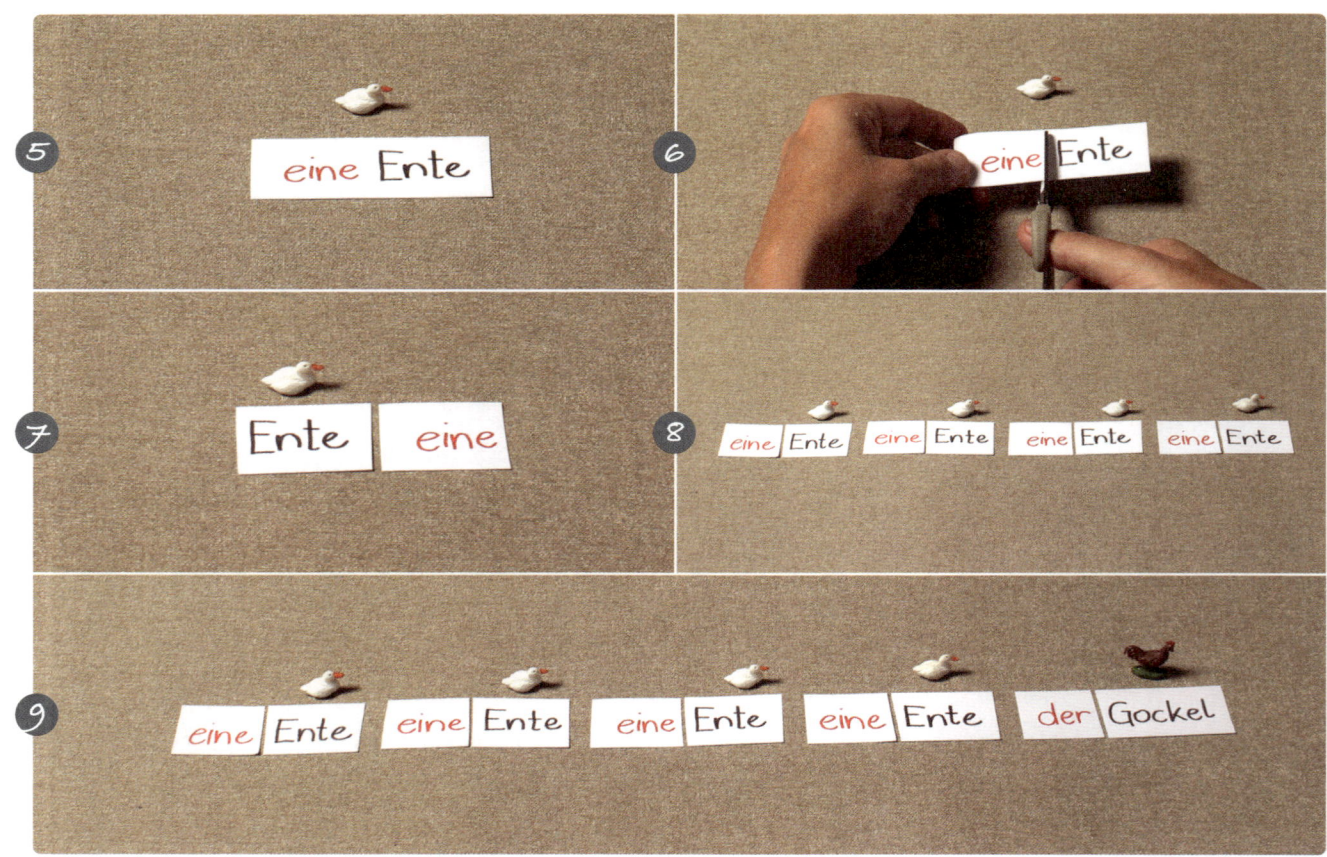

Weiterführende Übungen

Von der Leiterin vorzubereiten

· Wortkarten Artikel – Nomen, angelehnt an die Arbeit
  mit den Sprachkästen

· Wortkarten mit bestimmten und unbestimmten Artikeln
  werden Gegenständen oder Bildkarten zugeordnet

· Artikel für die nächste Schwierigkeitsstufe werden nicht
  mehr rot geschrieben

Hinweis:

Eine weitere Möglichkeit ist es, am Beginn der Einführung
alle Gegenstände, die mehrmals vorhanden sind, auf dem
Teppich zu sortieren und alle Gegenstände, die nur einmal
vorhanden sind, am Bauernhof zu belassen.

Wir fragen nach jedem Gegenstand:

L: „Von wo hast du die Ente geholt?"
K: „Vom Teppich."
L: „Gibt es noch andere Enten?"
K: „Ja."
L: „Deshalb heißt es *eine* Ente, weil es irgendeine ist."

L: „Von wo hast du den Hund geholt?"
K: „Vom Bauernhof."
L: „Gibt es noch einen Hund?"
K: „Nein."
L: „Deshalb heißt es *der* Hund,
    weil es ein ganz bestimmter Hund ist."

4.3.4. ADJEKTIV

Vorbereitende Übungen

Die Leiterin fordert das Kind auf: „Gib mir einen Farbstift." ❶
„Den will ich nicht."
„Den will ich auch nicht." ❷ usw.
Das soll so lange fortgesetzt werden, bis das Kind die Frage stellt: „Welchen Stift willst du?"
Die Leiterin antwortet: „Ich will den schwarzen Stift." ❸

Hinweis:

Wenn man die Vor- und Hauptübung zum Adjektiv mit Stiften durchführt, müssen alle Stifte bis auf den Farbunterschied absolut identisch sein.

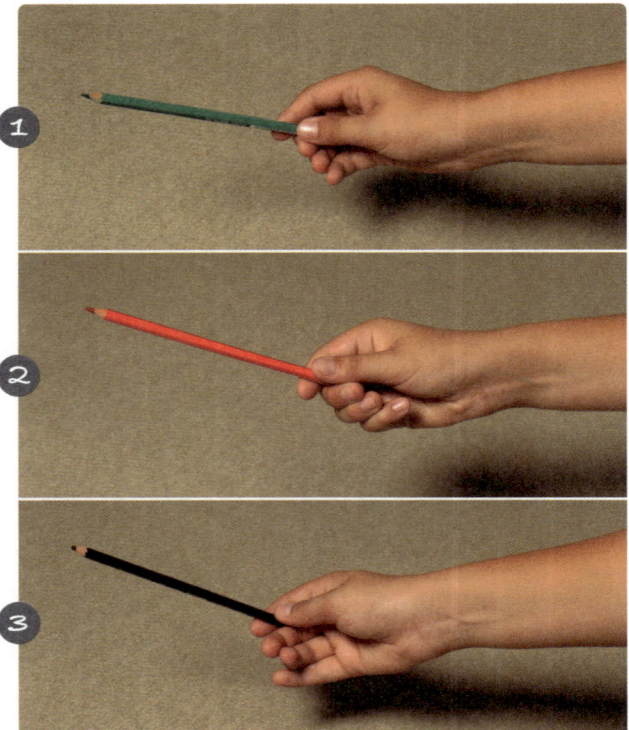

Hauptübung

Lektion

L: „Ich schreibe dir auf, was du mir geben sollst." ❹

· ┌ **der** Stift ┐

„Den will ich nicht."
Die Leiterin wartet wieder, bis das Kind die Frage stellt:
„Welchen Stift willst du?"
„Ich schreibe dir auf, welchen ich will." ❺

· ┌ **orange** ┐

Den Zettel mit „orange" vor ❻
und nach „der Stift" legen, ❼
das Kind lesen lassen. „Kann man das so sagen?"
Das Kind verneint. „der Stift" wird zerschnitten ❽
und die Wortgruppe richtig gestellt. ❾

┌ **der** │ **orange** │ Stift ┐

Diese Übung wird mindestens zweimal mit anderen Farben wiederholt (die Verschriftlichung erfolgt immer im 1. Fall). ❿

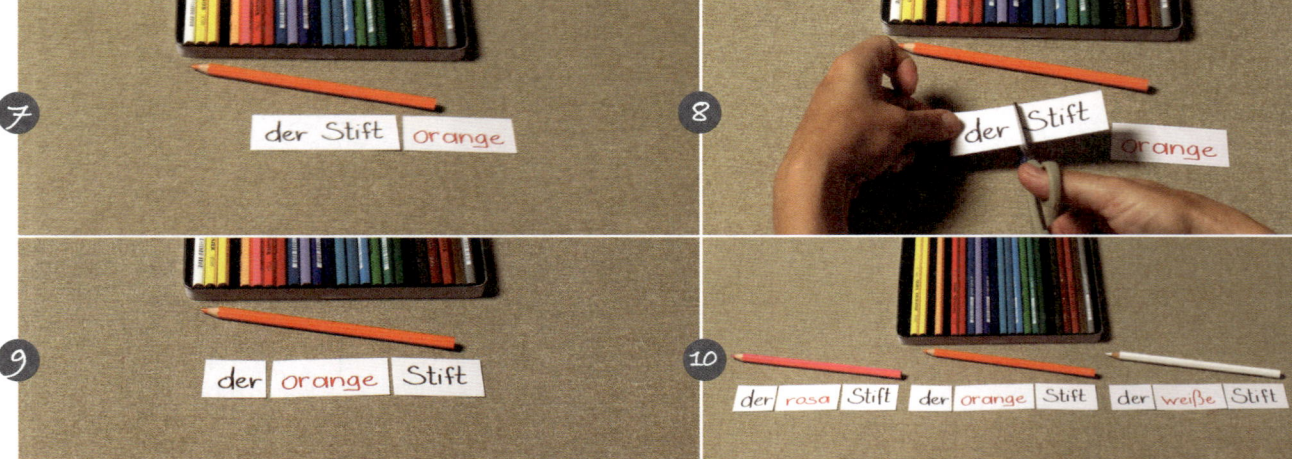

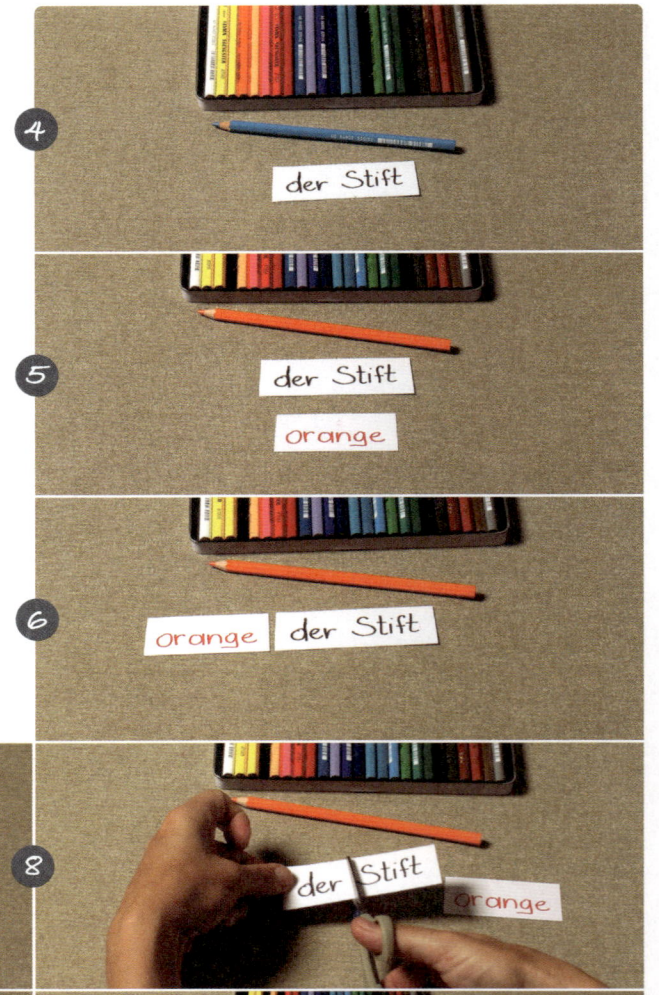

Hauptübung

Symboleinführung

Drei Beispiele mit Artikel, Adjektiv und Nomen liegen am Tisch.

· z. B. der rosa Stift

L: „Lies die erste Zeile. ①
Welches der drei Wörter sagt dir den Namen?"

K: „Stift"

L: „Über das Wort, das dir den Namen sagt, legen wir das große schwarze Dreieck." ②

L: „Welches Wort sagt dir, was für ein (welcher) Stift es ist?" oder „Welches Wort sagt dir, wie der Stift ist?"

K: „rosa"

L: „Über das Wort, das dir sagt, was für ein Stift es ist (bzw. wie der Stift ist), legen wir das dunkelblaue mittel-große Dreieck." ③

L: „Welches Wort sagt dir, ob es ein bestimmter oder irgendein Stift ist?"

K: „der"

L: „Über das Wort, das dir sagt, ob es ein bestimmter oder irgendein Stift ist, legen wir das kleine hellblaue Dreieck." ④

Beim zweiten Beispiel wird gleich verfahren.
Beim dritten Beispiel wird die Reihenfolge des Fragens nach den Wortarten geändert. ⑤

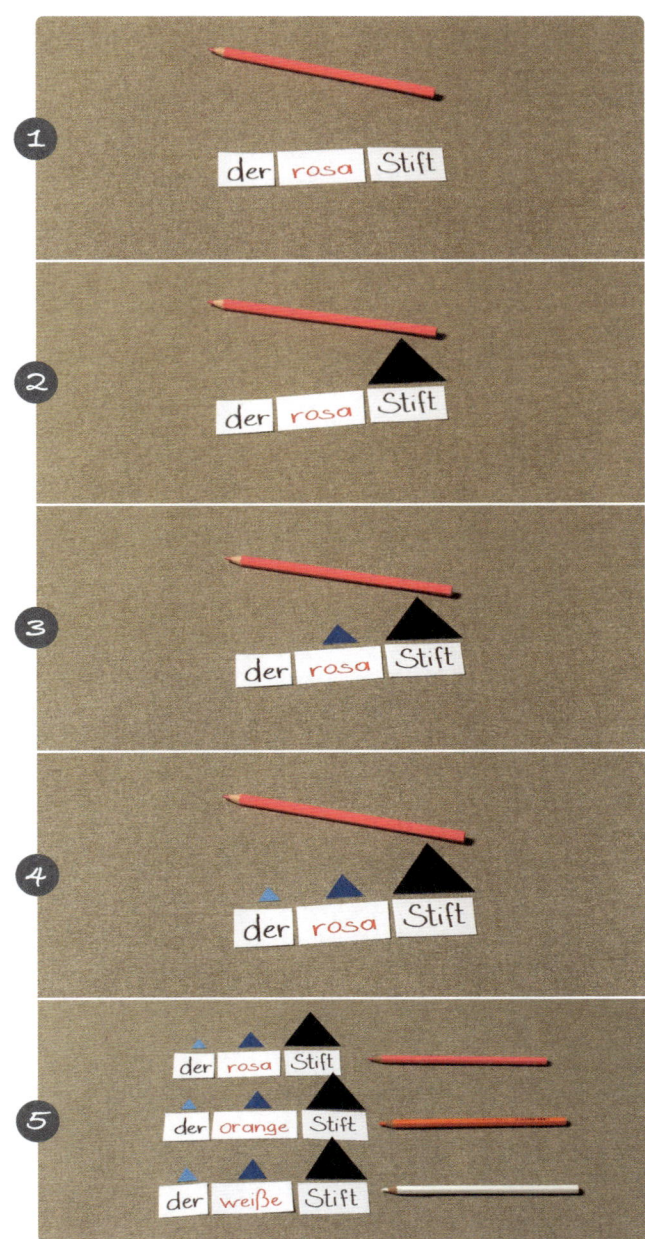

Weiterführende Übungen

Original Montessori

· Auftragskästen zum Adjektiv (dunkelbraun) ⑥
· Sprachkästen zum Adjektiv (dunkelbraun) ⑦

Weiterführende Übungen

Von der Leiterin vorzubereiten

· Karten mit Artikel, Adjektiv und Nomen, die dem Bauernhof, Kaufmannsladen, Gegenständen in der Klasse zugeordnet werden

· Gegenstände vorbereiteten Wortstreifen zuordnen und mit Symbolen belegen

· Die gleichen Übungen mit Wortstreifen anbieten, in denen das Adjektiv nicht mehr rot hervorgehoben ist.

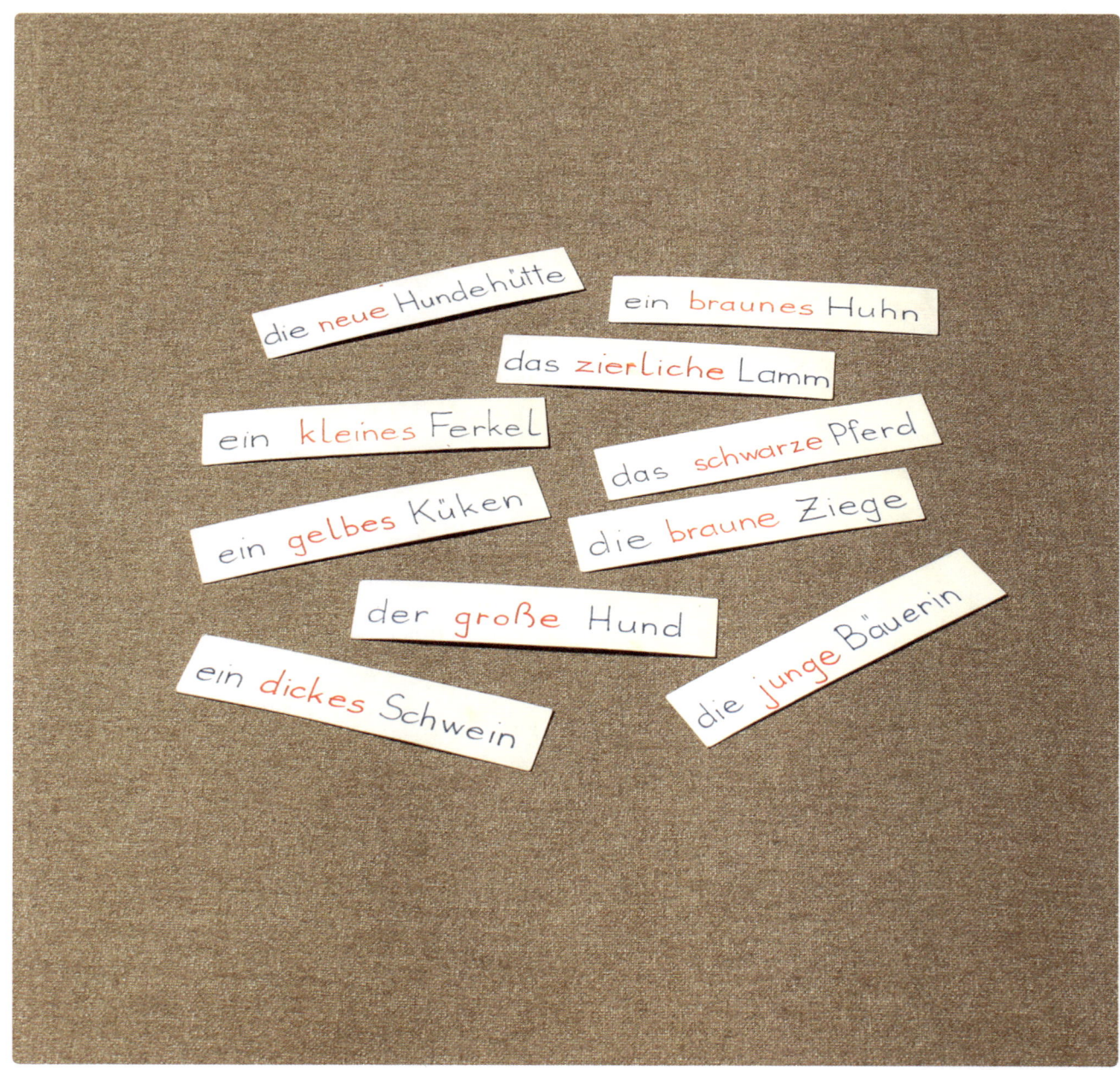

Vertiefende Übungen

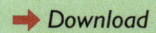 → Download

· Das Logische Adjektiv

1. Die Leiterin hat beschriftete Papierstreifen vorbereitet.
   Sie bestehen aus zwei Serien:
   die erste Serie aus Nomen + Artikel,
   die zweite aus Adjektiven. ❶

   Das Kind sucht jeweils das passende Adjektiv zum
   „Artikel _____ Nomen" - Wortstreifen. ❷

   der _____ Bleistift   *finstere*   > der rote Bleistift

   die _____ Nacht   *rostige*   > die finstere Nacht

   der _____ Nagel   *rote*   >der rostige Nagel

   Eventuell Wortsymbole zuordnen ❸

2. Mit den gleichen Wortstreifen wird weitergearbeitet.
   Diesmal soll das Kind unpassende Adjektive zuordnen. ❹
   Eventuell Wortsymbole zuordnen ❺

3. Mit den gleichen Wortstreifen wird weitergearbeitet.
   Diesmal sucht die Pädagogin einen
   „Artikel _____ Nomen" - Wortstreifen aus.
   Das Kind soll so viele passende Adjektive
   wie möglich finden. ❻

   der _____ Stift
   stumpfe, leichte, grüne, duftende, …

   Eventuell Wortsymbole zuordnen

Ziel:

· Das Kind soll erfahren, dass ein möglichst
  treffendes Adjektiv den Gegenstand besonders
  deutlich vor Augen ruft

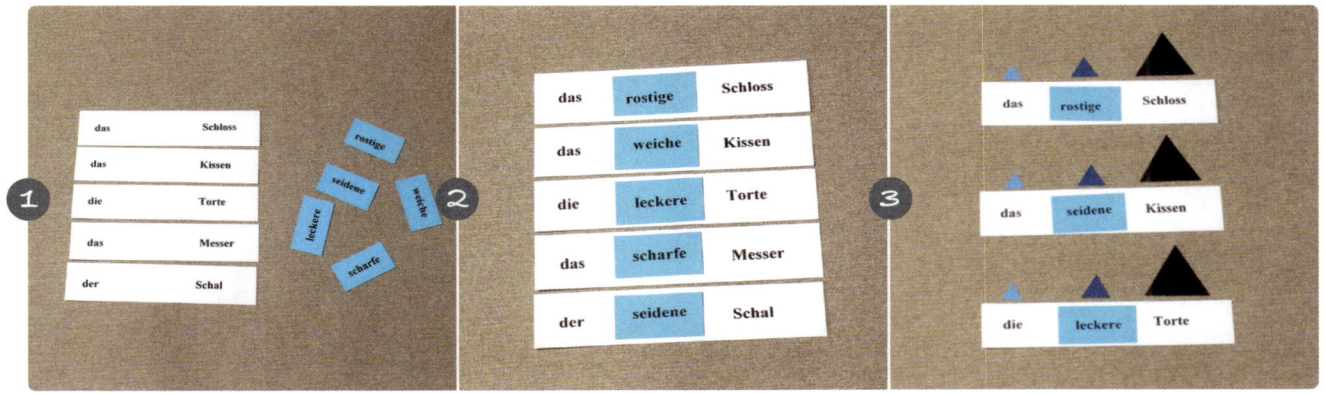

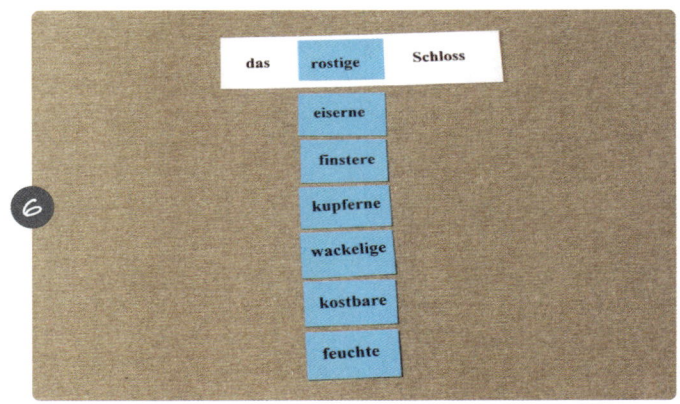

Vertiefende Übungen

⇒ Download

· Das Aufschlussreiche Adjektiv ❶

L: „Ich schreibe dir auf, was du mir geben sollst." ❷

· ⎥das Dreieck⎥
Das Kind nimmt ein Dreieck vom Teppich. ❸

L: „Das will ich nicht. Ich schlage aber vor, dass wir zuerst einmal Ordnung machen. Dann findest du das Dreieck, das ich will, viel leichter." ❹

Das Kind ordnet nach folgenden Kategorien:
Farbe: *rot*, *gelb* und *blau*
Größe: *groß*, *mittelgroß* und *klein*
Winkel: *rechtwinkelig*, *stumpfwinkelig* und *spitzwinkelig*
Seiten: *gleichseitig*, *gleichschenkelig* und *ungleichseitig*

L: „Jetzt schreibe ich dir auf, welches Dreieck ich haben will." ❺

· ⎥rote⎥
Streifen mit ⎥rote⎥ vor ❻
und hinter ⎥das Dreieck⎥ legen ❼
– das Kind lesen lassen.
„Kann man das so sagen?"

Zerschneiden ❽ und richtigstellen:
⎥das⎥ ⎥rote⎥ ⎥Dreieck⎥ ❾

L: „Bevor du mir ⎥das Dreieck⎥ gibst, legen wir alle, die nicht rot sind, zurück in die Kiste." ❿

Ziel:

· Das Kind soll erfahren, dass Adjektive helfen, aus einer Fülle von Möglichkeiten eine genaue Differenzierung vorzunehmen und so feine Unterschiede darzulegen und zu beschreiben.

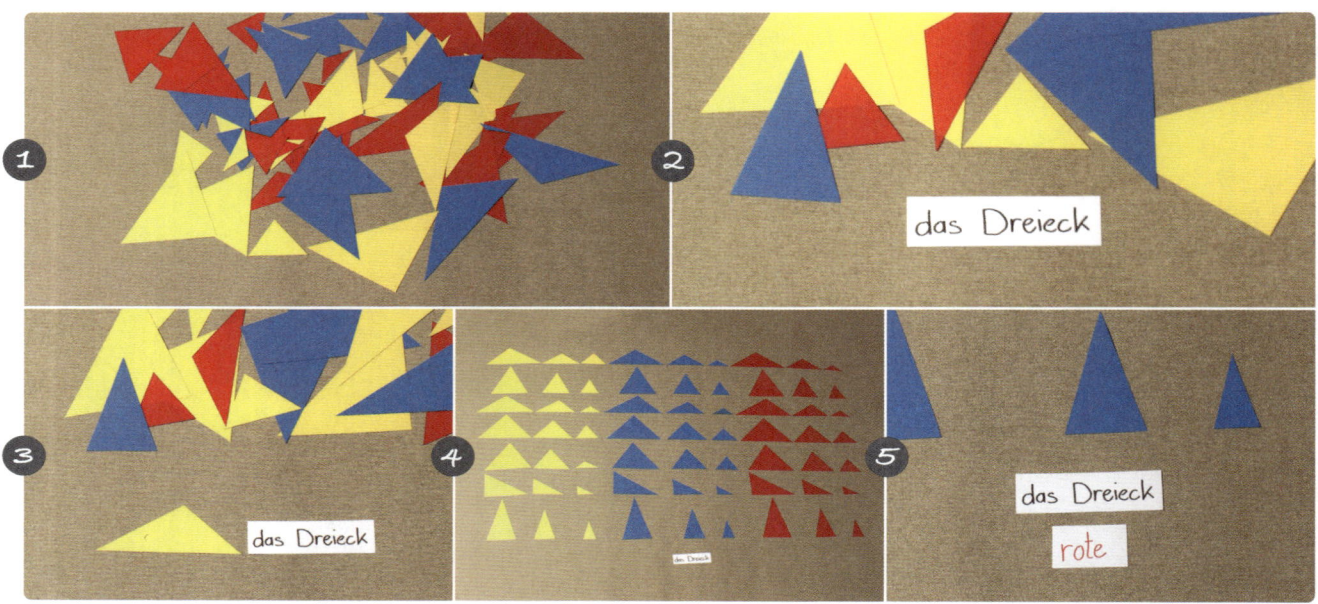

· Das Aufschlussreiche Adjektiv (Fortsetzung)

L: „Weißt du jetzt schon, welches Dreieck ich haben will?"
Das Kind verneint.
L: „Ich schreibe dir auf, welches ich haben will." **1**

· **mittelgroße**

L: „Bevor du mir das Dreieck gibst, legen wir alle,
die nicht mittelgroß sind, zurück in die Kiste."

Dann wird das Adjektiv zwischen Artikel und Nomen
eingefügt. **2**

| das | rote | mittelgroße | Dreieck |

L: „Weißt du jetzt schon, welches Dreieck ich haben will?"
Das Kind verneint.
L: „Ich schreibe dir auf, welches ich haben will." **3**

· **rechtwinkelige**

L: „Bevor du mir das Dreieck gibst, legen wir alle,
die nicht rechtwinkelig sind, zurück in die Kiste."

Dann wird das Adjektiv zwischen Artikel und Nomen
eingefügt. **4**

| das | rote | mittelgroße | rechtwinkelige | Dreieck |

L: „Weißt du jetzt schon, welches Dreieck ich haben will?"
Das Kind verneint.
L: „Ich schreibe dir auf, welches ich haben will." **5**

· **ungleichseitige**

L: „Bevor du mir das Dreieck gibst, legen wir alle,
die nicht ungleichseitig sind, zurück in die Kiste."

Dann wird das Adjektiv zwischen Artikel und Nomen
eingefügt. **6**

| das | rote | mittelgroße | rechtwinkelige |
| ungleichseitige | Dreieck |

Am Ende bleibt ein Dreieck übrig, das genau bezeichnet
wird. Die Symbole werden zugeordnet. **7**

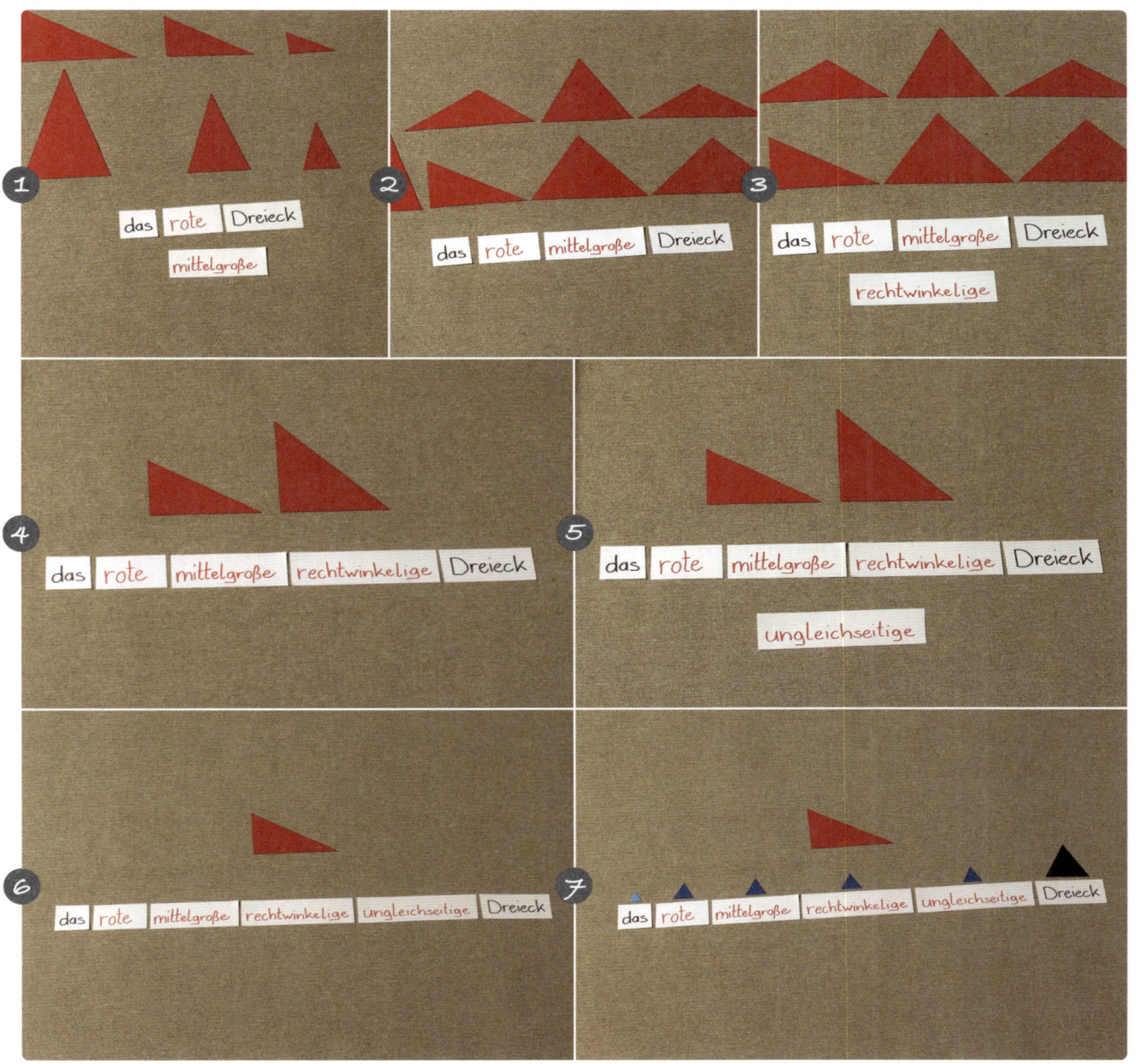

4.3.5. NUMERALE

Vorbereitende Übungen

Die Leiterin fordert das Kind so oft auf, rote Knöpfe zu bringen, bis das Kind die Frage stellt:
„Wie viele willst du?"
Die Leiterin antwortet: „Ich möchte acht rote Knöpfe."

Es werden mehrere Beispiele mit bestimmten Numeralen durchgeführt.

Dann kann man auch unbestimmte Numerale verwenden: *viele, alle, wenige, etliche, keine, …*

Hauptübung

Lektion

L: „Ich schreibe dir auf, was du mir geben sollst." **1**

· **blaue Knöpfe**

Das Kind bringt sechs blaue Knöpfe.
L: „So viele will ich nicht." **2**

· Das soll so lange fortgesetzt werden, bis das Kind die Frage stellt:

K: „Wie viele willst du?"
L: „Ich schreibe dir auf, wie viele ich will." **3**

· **zwei**

Das Kind holt die richtige Anzahl der Knöpfe. **4**

Den Zettel mit „zwei" vor „blaue Knöpfe" legen, das Kind lesen lassen.
L: „Kann man das so sagen?"

Die Übung soll mindestens zweimal wiederholt werden. **5**

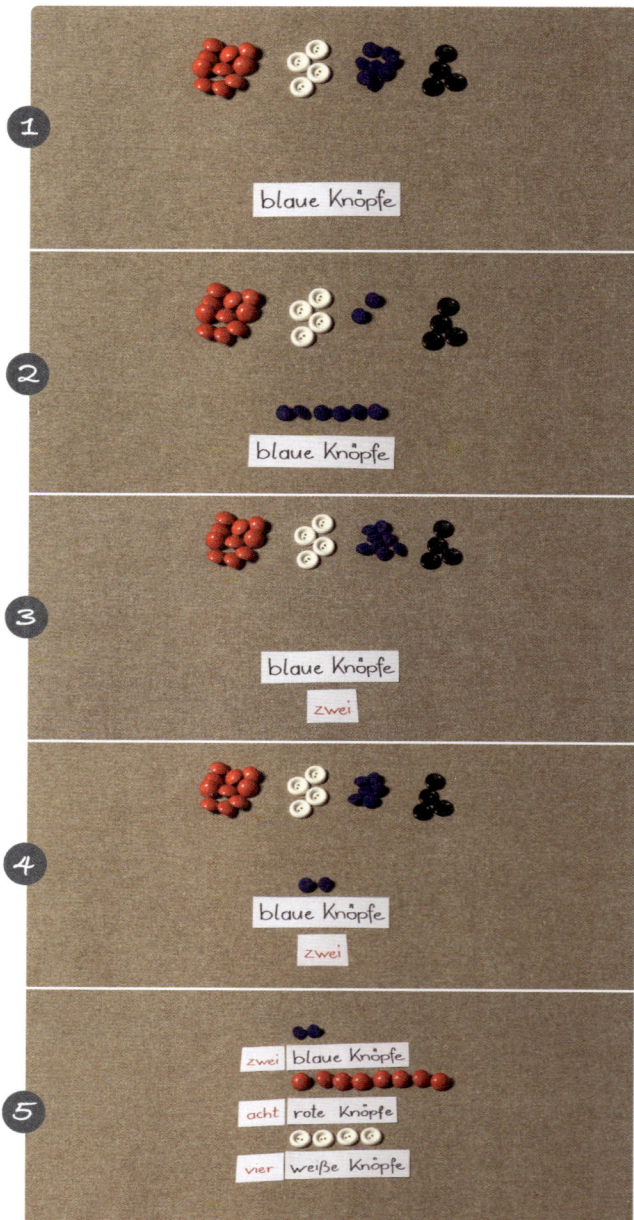

Hauptübung

Symboleinführung

Drei Beispiele mit Adjektiv, Numerale und Nomen liegen am Tisch bzw. am Teppich.

· zwei blaue Knöpfe

L: „Lies die erste Zeile.
Welches der drei Wörter sagt dir den Namen?"
K: „Knöpfe"

L: „Über das Wort, das dir den Namen sagt, legen wir das große schwarze Dreieck." **1**

L: „Welches Wort sagt dir, was für (welche) Knöpfe es sind?" oder „Welches Wort sagt dir, wie die Knöpfe sind?"
K: „blaue"
L: „Über das Wort, das dir sagt, was für Knöpfe es sind (bzw. wie die Knöpfe sind), legen wir das dunkelblaue mittelgroße Dreieck." **2**

L: „Welches Wort sagt dir, wie viele blaue Knöpfe es sind?"
K: „zwei"

L: „Über das Wort, das dir sagt, wie viele Knöpfe es sind, legen wir das mittelgroße hellblaue Dreieck." **3**

· Beim zweiten Beispiel wird gleich verfahren.

· Beim dritten Beispiel wird die Reihenfolge des Fragens nach den Wortarten geändert. **4**

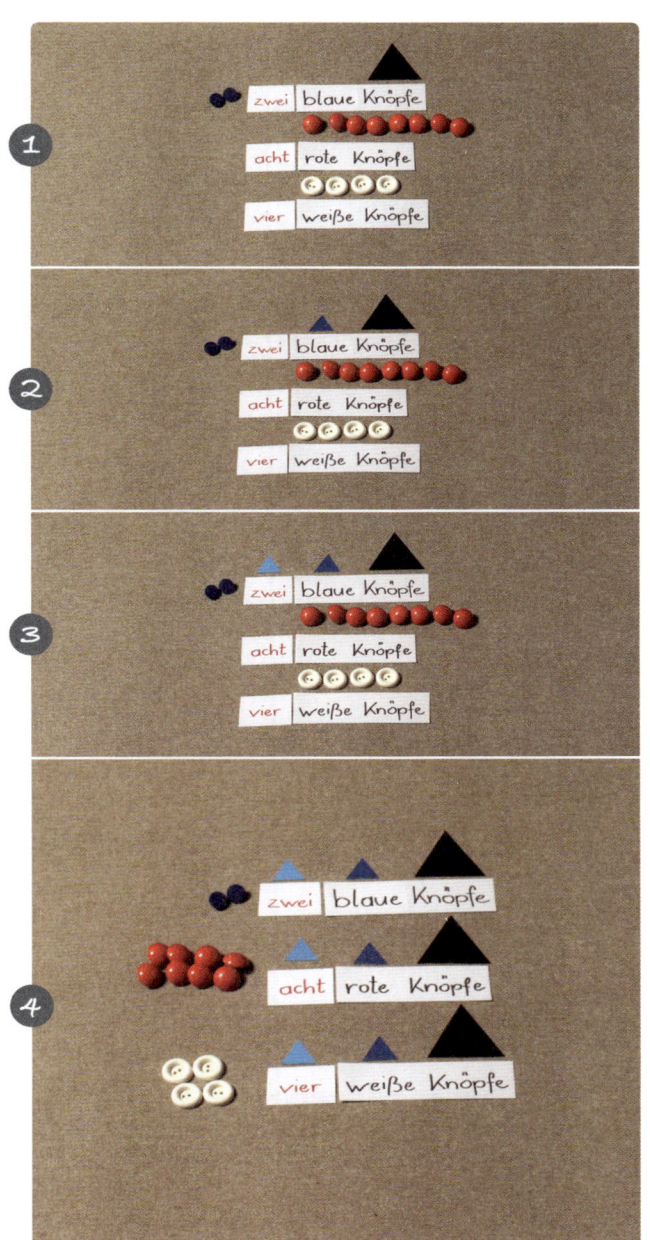

Weiterführende Übungen

Original Montessori

· Auftragskasten zum Numerale (grau) **5**
· Sprachkasten zum Numerale (grau) **6**

Von der Leiterin vorzubereiten

Wortstreifen mit Numerale, Adjektiv und Nomen:
Das Kind soll Gegenstände in der richtigen Anzahl dazulegen. **7**

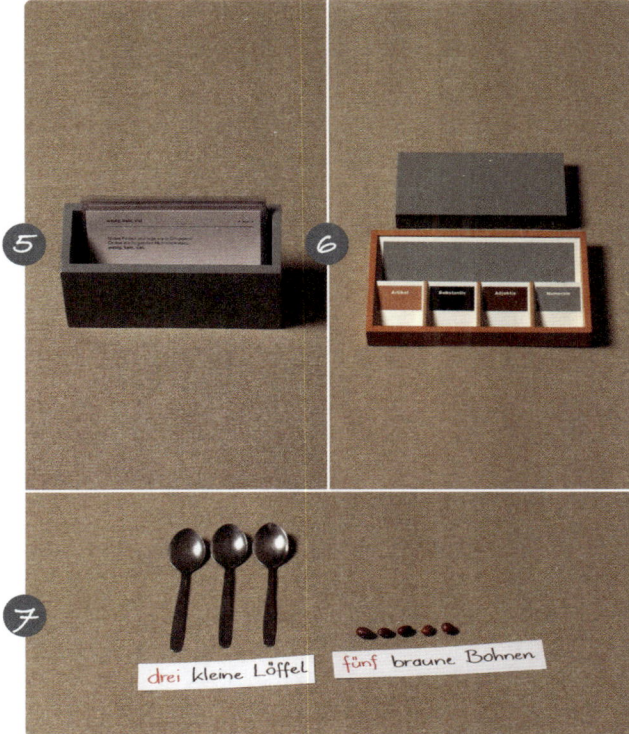

4.3.6. KONJUNKTION

Vorbereitende Übungen

Die Leiterin fordert das Kind auf:
„Stelle alle Kühe und Schweine zusammen." ❶
oder:
„Gib mir drei Pferde und die gelben Küken." ❷
u.s.w.

Hauptübung

Lektion

L: „Ich schreibe dir auf, was du mir geben sollst."
· vier orange Rosen
· drei weiße Rosen
· zwei lila Rosen

Das Kind legt die Rosen über die Streifen. ❸

Die Leiterin schreibt auf zwei Papierstreifen: ❹
und   und

Die Karten werden zwischen die anderen Wortstreifen gelegt:

vier orange Rosen   und   drei weiße Rosen
und   zwei lila Rosen ❺

Das Kind soll lesen. Gleichzeitig legt die Leiterin die Rosen auf ein rosa Geschenkband und fordert das Kind auf, mit Hilfe des Bandes die Rosen zu einem Strauß zu binden. ❻ - ❾

vier orange Rosen   drei weiße Rosen   zwei lila Rosen

vier orange Rosen   und   drei weiße Rosen   und   zwei lila Rosen

Hauptübung

Symboleinführung

Das Kind legt die ihm bekannten Symbole über die Wörter. Dabei soll es laut mitsprechen. **1**

Zuletzt zeigt die Leiterin dem Kind das Symbol für die neue Wortart. Dabei spricht sie:
„UND bekommt den rosa Balken." **2**

Wenn das Kind bei der Arbeit auf weitere Konjunktionen stößt, wird das Wort „und" bei der Symbolzuordnung durch die andere Konjunktion ersetzt.
z. B.: „ABER bekommt den rosa Balken."

Hinweis:

Die Konjunktion wird nur mit dem Beispiel „und" eingeführt, da jede Konjunktion eine andere Funktion erfüllt. (Die einen fügen zusammen, die anderen schließen aus, wieder andere leiten Nebensätze ein.)

Weiterführende Übungen

Original Montessori

Auftragskasten zur Konjunktion (gelb) **3**

Der Sprachkasten zur Konjunktion wird zu einem späteren Zeitpunkt angeboten.

Von der Leiterin vorzubereiten

Wortstreifen, auf denen die bereits bekannten Wortarten, erweitert durch die Konjunktion, zu bestimmen und mit Wortsymbolen zu belegen sind.

Das Kind kann die Aufträge lesen und ausführen oder die Wortgruppen mit Konjunktionen verbinden.

4.3.7. PRÄPOSITION

Vorbereitende Übungen

Die Leiterin fordert das Kind auf:
„Stelle den Hund auf das Pferd." ①
„Lege die Karotten in den Trog." ②
u.s.w.

Hauptübung

Lektion

L: „Ich schreibe dir auf, was du mir geben sollst." ③

· | die blauen Trauben und drei rote Äpfel |
  | die hölzerne Kiste |

  Das Kind legt die Gegenstände über die Papierstreifen.
  Die Leiterin schreibt auf einen weiteren Papierstreifen „in"

· | in | ④

  Das Wort „in" wird zwischen die anderen Streifen gelegt.

· | die blauen Trauben und drei rote Äpfel |
  | in | die hölzerne Kiste |

  Das Kind liest die Wortstreifen und legt die Gegenstände
  in die Kiste. ⑤

Bei den nächsten Beispielen wird nur mehr die Präposition
ausgetauscht.

· | neben | hinter | unter | vor |

  Das Kind liest und führt den Auftrag der Präposition
  entsprechend aus. ⑥ - ⑨

L: „Was passt am besten?"
Das Kind soll die Präposition, die seiner Meinung nach am
besten passt, für die Symbolzuordnung platzieren.

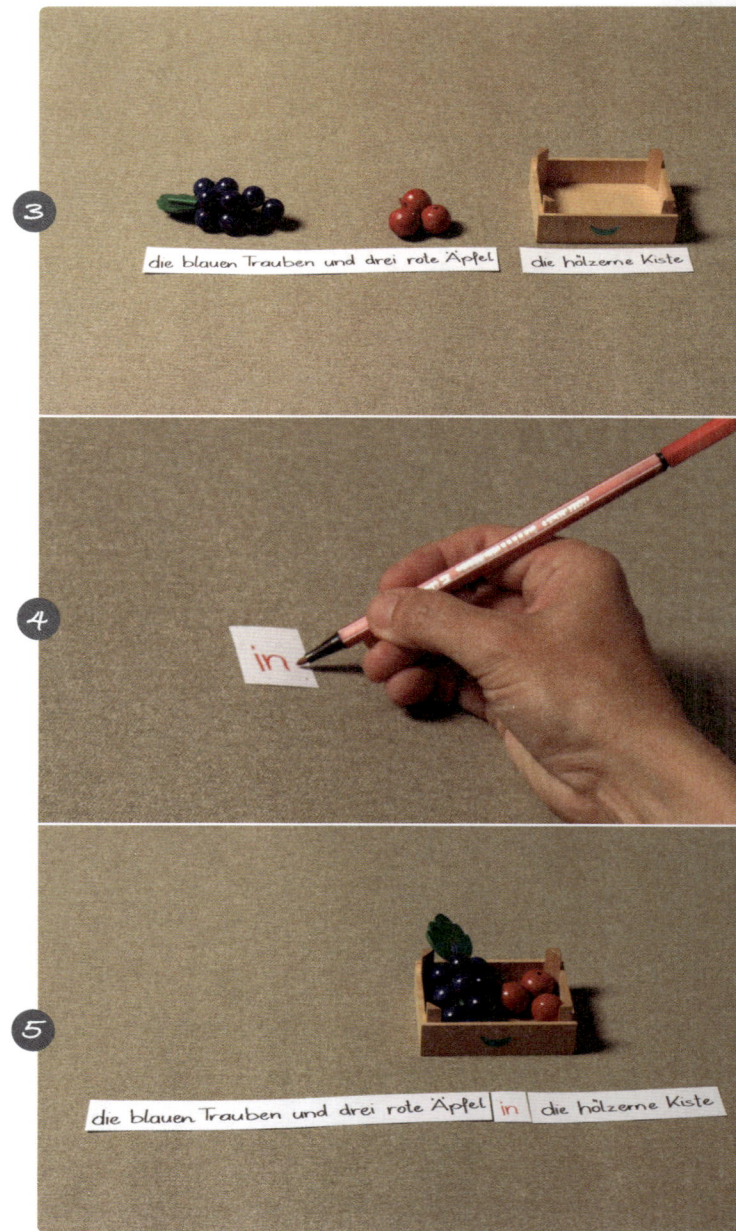

die blauen Trauben und drei rote Äpfel   die hölzerne Kiste

in

die blauen Trauben und drei rote Äpfel | in | die hölzerne Kiste

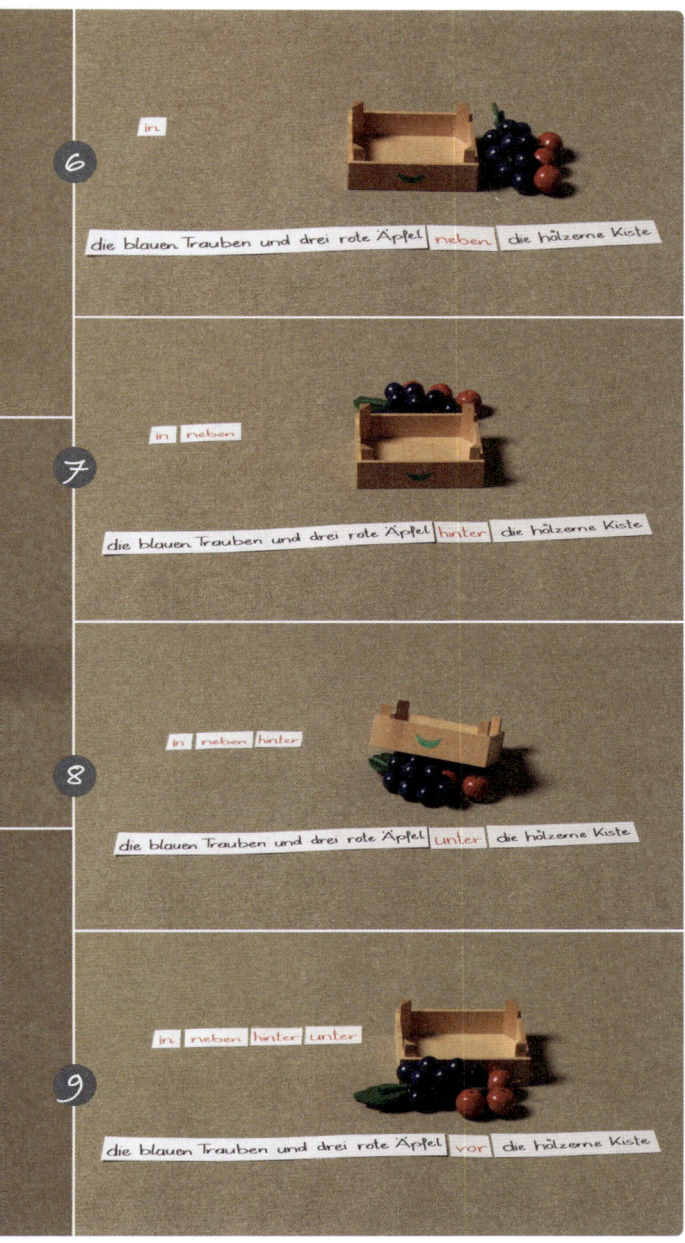

Hauptübung

Symboleinführung

Das Kind legt die ihm bekannten Symbole über die Wörter. Dabei soll es laut mitsprechen. ❶

Zuletzt zeigt die Leiterin dem Kind das Symbol für die neue Wortart. Dabei spricht sie:
„Das Wort, das dir sagt, wo etwas ist oder wohin etwas gehört, bekommt den grünen Sichelmond." ❷

Zu einem späteren Zeitpunkt kann dem Kind folgende Besonderheit gezeigt werden:
Ist eine Präposition mit einem Artikel verschmolzen (zum = zu dem), legen wir die Sichel und ein kleines hellblaues Dreieck. ❸

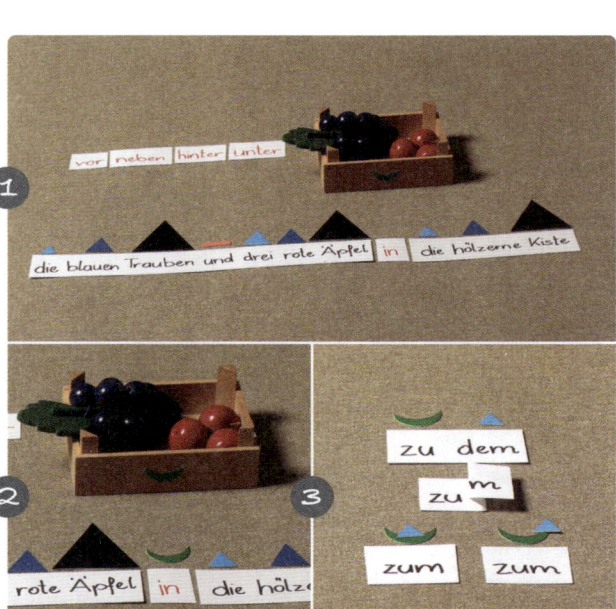

Weiterführende Übungen

Original Montessori

· Auftragskasten zur Präposition (lila) ❹

· Der Sprachkasten zur Präposition wird zu einem späteren Zeitpunkt angeboten.

Von der Leiterin vorzubereiten

· Auftragskarten
 (z. B.: vier Farbstifte und die rote Füllfeder in die Schachtel)

· Situationen beschreiben lassen, die von den Kindern dargestellt werden (z. B.: Susanne unter dem Stuhl)

· Bilder zur Verfügung stellen, auf denen die Präposition „sichtbar" ist (z. B.: der Frosch auf dem Blatt)

· Gegenstände zur Verfügung stellen, die Präpositionen zulassen (z. B.: Blumen und Vase)

4.3.8. VERB

Vorbereitende Übungen

Die Leiterin flüstert dem Kind Aufträge ins Ohr,
die anderen raten:
· „Lache!"
· „Klopfe!"
· u.s.w.

Hauptübung

Lektion

L: „Ich schreibe dir auf, was du tun sollst"

· `singe` Das Kind liest und führt den Auftrag aus. **1**

· `stampfe` Das Kind liest und führt den Auftrag aus.

· `zwinkere` Das Kind liest und führt den Auftrag aus. **2**

Hauptübung

Symboleinführung

L: „Das Wort, das dir sagt, was du tun sollst,
bekommt den großen roten Kreis." **3**

Beim dritten Beispiel soll das Kind den Satz selber sprechen.

Weiterführende Übungen

Original Montessori

· Auftragskasten zum Verb **4**
· Sprachkästen zum Verb (rot) **5**
· Sprachkasten zur Präposition (lila) **6**
  (Dieser ist ab der Einführung des Verbs nun möglich.)

Von der Leiterin vorzubereiten

Wortstreifen, die die Kinder lesen und ausführen können:
Male ein Haus. …

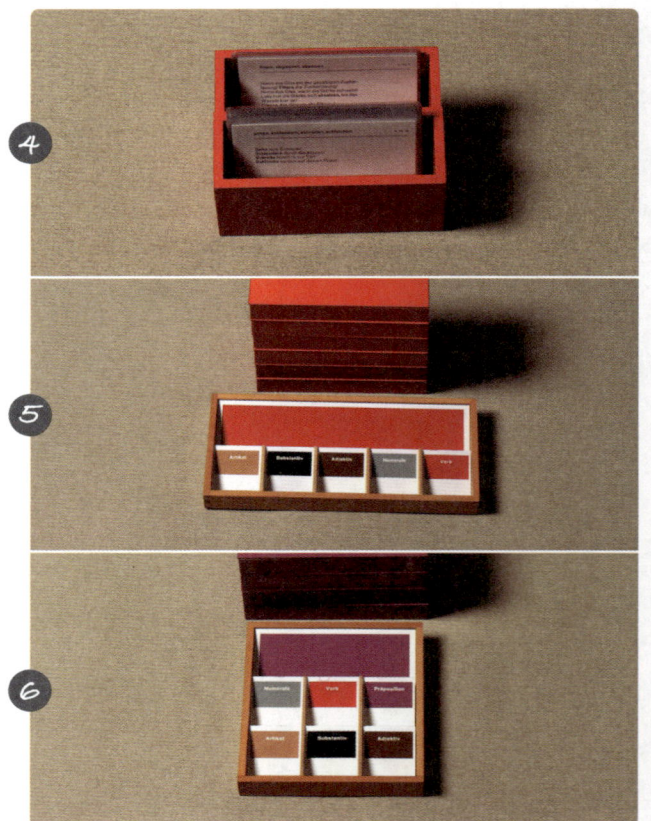

Hinweis:

Folgende Verbformen werden mit einem geteilten roten Kreis, einem silbernen Kreis bzw. mit einem roten Kreis mit weißem kleinem Innenkreis belegt:

· **Geteiltes Verb**, z.B.: aufsperren – sperre auf ❶

· **Infinitiv**, z.B.: (zu) lesen, trinken ❷

· **Hilfszeitwort**, z.B.: haben ❸

· **Modalverb**, z.B.: wollen ❹

· **Partizip 1**, z.B.: lesend ❺

· **Partizip 2**, z.B.: gebracht ❻

Um das „Bewegliche" des Verbs darzustellen, lässt sich folgende Übung für die Gruppe oder Klasse im Kreis anbieten:

Die Kinder bekommen mit Nomen beschriftete Wortstreifen ausgeteilt.

Sie sollen die Gegenstände dazu holen und auf den Teppich legen. Dann bekommt jedes Kind einen Wortstreifen mit einem Verb.

Frage: „Kann man das auch holen?"
„Nein!" „Was dann?" „Das kann man tun."

Die Kinder führen die Tätigkeit aus, und die anderen erraten das gesuchte Wort.

Dann werden die schwarze Holzpyramide und die rote Holzkugel dazugelegt, um das Statische des Nomens und das Bewegliche des Verbs zu veranschaulichen.

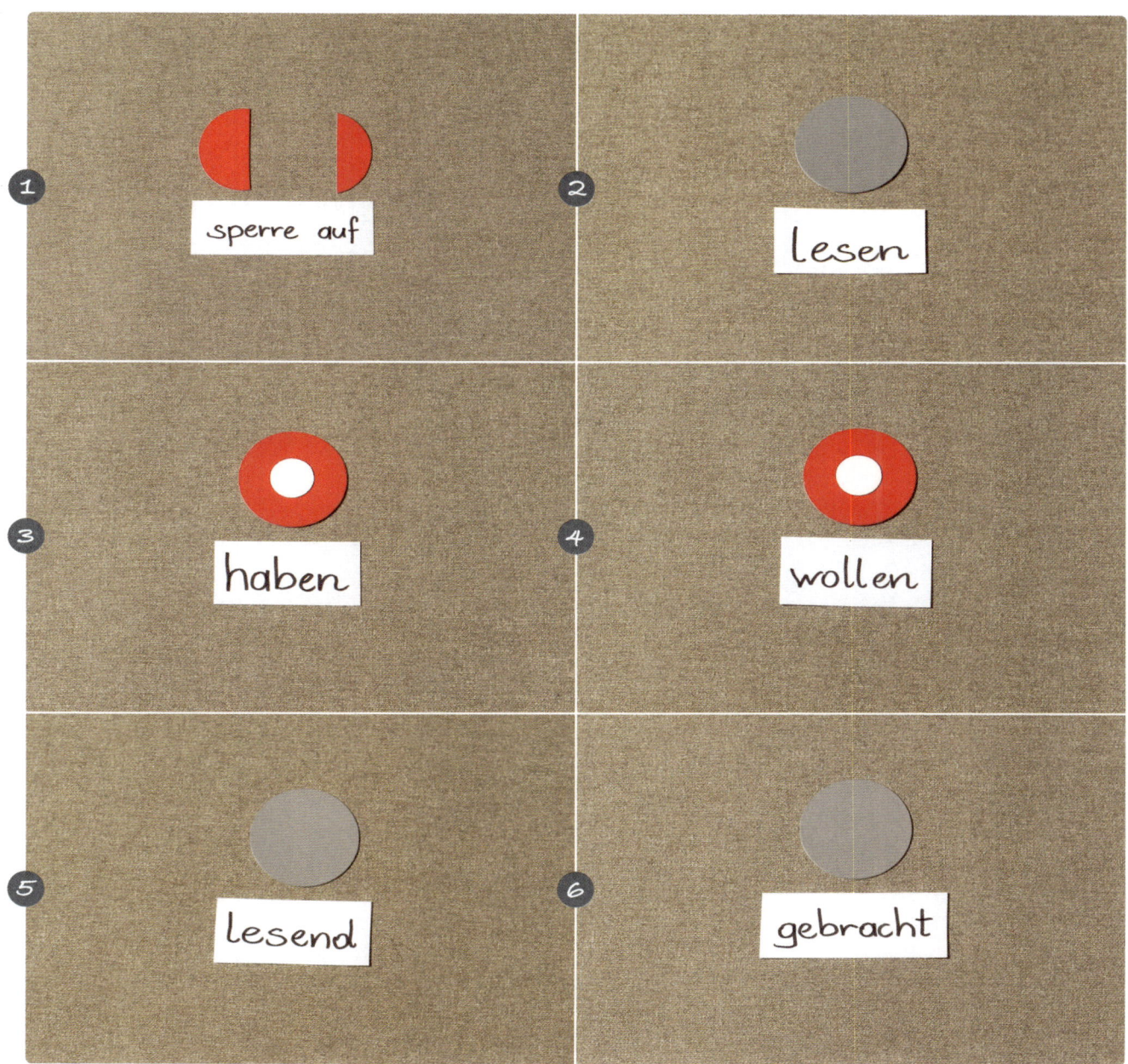

4.3.9. ADVERB

Vorbereitende Übungen

Die Leiterin gibt dem Kind mündliche Aufträge:
„Klopfe!"
„Klopfe nicht!"
„Klopfe hier!"
„Klopfe jetzt!"

Das Kind soll auf die Zusatzinformation durch das jeweilige Adverb aufmerksam werden.

Hauptübung

Lektion

L: „Ich schreibe dir auf, was du tun sollst."
Das Kind soll immer den jeweiligen Auftrag ausführen.

· schlafe ① jetzt ②
  das Adverb „jetzt" wird ausgetauscht gegen das Adverb:
  später ③

· gurre nicht ④
  das Adverb „nicht" wird ausgetauscht gegen das Adverb:
  vielleicht ⑤

· huste trotzdem ⑥
  das Adverb „trotzdem" wird ausgetauscht
  gegen das Adverb:
  deshalb ⑦

· klatsche oben ⑧
  das Adverb „oben" wird ausgetauscht gegen das Adverb:
  unten ⑨

Hauptübung

Symboleinführung

L: „Lies diese Wortstreifen: | schlafe | jetzt |
Welches Wort sagt dir, was du tun sollst?"

K: „schlafe"

L: „Das Wort, das dir sagt, was du tun sollst,
bekommt den großen roten Kreis." **1**

L: „Welche Wörter sagen dir, WANN du schlafen sollst?"

K: „jetzt / später"

L: „Die Wörter, die dir sagen, WANN du schlafen sollst,
bekommen den kleinen orangen Kreis." **2** **3**

L: „Lies die nächste Wortgruppe: | gurre | nicht |
Welches Wort sagt dir, was du tun sollst?"

K: „gurre"

L: „Das Wort, das dir sagt, was du tun sollst,
bekommt den großen roten Kreis." **4**

L: „Welche Wörter sagen dir, WIE du gurren sollst?"

K: „nicht / vielleicht"

L: „Die Wörter, die dir sagen, WIE du gurren sollst,
bekommen den kleinen orangen Kreis." **5** **6**

L: „Lies die nächste Wortgruppe: | huste | trotzdem |
Welches Wort sagt dir, was du tun sollst?"

K: „huste"

L: „Das Wort, das dir sagt, was du tun sollst,
bekommt den großen roten Kreis." **7**

L: „Welche Wörter sagen dir, WARUM du husten sollst?"

K: „trotzdem / deshalb"

L: „Die Wörter, die dir sagen, WARUM du husten sollst,
bekommen den kleinen orangen Kreis." **8** **9**

L: „Lies die nächste Wortgruppe: | klatsche | oben |
Welches Wort sagt dir, was du tun sollst?"

K: „klatsche"

L: „Das Wort, das dir sagt, was du tun sollst,
bekommt den großen roten Kreis." **10**

L: „Welche Wörter sagen dir, WO du klatschen sollst?"

K: „oben / unten"

L: „Die Wörter, die dir sagen, WO du klatschen sollst,
bekommen den kleinen orangen Kreis." **11** **12**

Weiterführende Übungen

Original Montessori

· Auftragskästen zum Adverb (rosa) **1**
· Sprachkästen zum Adverb (rosa) **2**

Von der Leiterin vorzubereiten

· Die Leiterin bereitet für das Kind Aufträge vor,
  die Adverbien enthalten.
  Das Kind soll diese Aufträge ausführen.
  (z. B.: Gieße jetzt die Blumen.)

· Das Kind ordnet Adverbien Aufträgen zu.
  (z. B.: Der Räuber schlich *leise* um das Haus.)

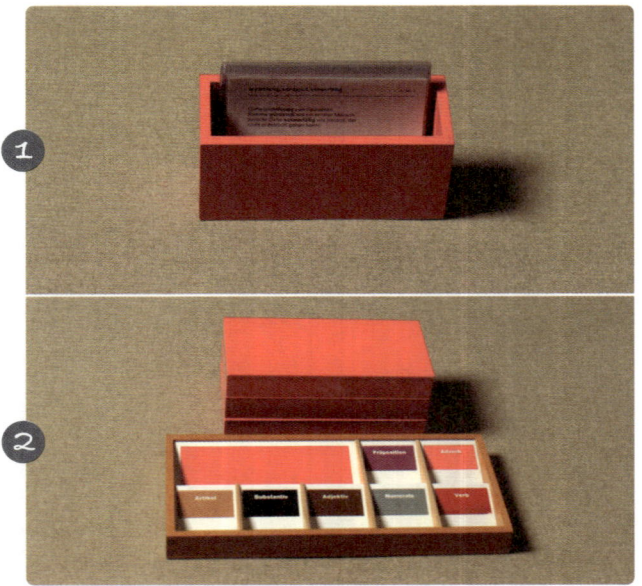

4.3.10. PRONOMEN

Hinweis:

Das Pronomen ist nicht an die Einführungsreihenfolge der
Wortarten gebunden. Es wird dem Kind erklärt, wenn es
darauf stößt. Dies kann die Leiterin beeinflussen, indem
sie dem Kind bewusst diese Wortart in Wortgruppen oder
Sätzen anbietet.

Beispiel für einen möglichen Satz: Er steht vor der Tür.
Das Kind soll zuerst die ihm bekannten Wortsymbole
zuordnen. **1**
„Er" wird entweder übrig bleiben
oder das Kind überlegt schon, wer „er" sein könnte.
L: „Wer ist denn „er"?"
K: „Das ist der Postbote."
L: „Ja, der Postbote steht vor der Tür. **2**
   Du kannst aber auch sagen: Er steht vor der Tür.
   „Er" steht also für „der Postbote".
   Wir legen das lila Dreieck als Symbol." **3**

Wenn das Kind über „er" das schwarze Dreieck gelegt hat,
wird das Symbol für das Pronomen über das schwarze
Dreieck gelegt und das Symbol für das Nomen heraus-
gezogen.

Weiterführende Übungen

· Auftragskasten zum Pronomen (grün) **4**
· Sprachkasten zum Pronomen (grün) **5**
· Sprachkasten zur Konjunktion (gelb) **6**

4.3.11. INTERJEKTION

Hinweis:

Die Interjektion ist nicht an die Einführungsreihenfolge der Wortarten gebunden.

Wenn das Kind im Text auf eine Interjektion stößt, wird das Symbol eingeführt. „Hurra!" bekommt das goldene Rufzeichen.

Der Erwachsene schneidet aus einem Karton ein Schlüssel-loch. Er schaut durch und beobachtet die Kinder. Dabei ruft er: „Uiuiui!", „Hallo!" oder „Ach, du meine Güte!". So werden die Kinder mit dem Symbol vertraut.

L: „Über Ausrufe legen wir das goldene Rufzeichen." ❶ ❷

Wenn das Kind schon in der Lage ist, kann man gerufene Sätze differenziert mit Symbolen belegen. ❸

„Ach, du meine Güte!"
„Ach"   – goldenes Rufzeichen / Interjektion
„du"   – lila Dreieck / Pronomen
„meine"   – lila Dreieck / Pronomen
„Güte"   – schwarzes Dreieck / Nomen

Weiterführende Übungen

· Sprachkasten zur Interjektion (blau) ❹

4.4. Auftrags- und Sprachkästen

Die *Auftrags- und Sprachkästen* sind ein weiterführendes Material für die Arbeit mit den Wortarten. Den Kindern werden sie als vertiefendes Übungsmaterial angeboten.

Die *Auftragskästen* können immer direkt nach der Hauptübung angeboten werden.

Die *Sprachkästen* sind nicht immer zwingend direkt nach der Hauptübung einzusetzen.

Wann die Sprachkästen verwendet werden, lässt sich direkt am Material ablesen. Orientiert an der Einführungsreihenfolge muss nur geprüft werden, ob das Kind schon alle Wortarten kennt, die in den kleinen Registerfächern angelegt sind.

Die Auftrags- und Sprachkästen sind bis auf Ausnahme des Verbs (= rot) und des Nomens (= schwarz) in anderen Farben gekennzeichnet als die Wortsymbole.
Begründet ist dies dadurch, dass sich das Kind bei der Arbeit nicht ausschließlich an den ihm schon bekannten Farben orientieren kann. Es stellt also eine weitere Abstraktion dar.

Hinweis:

Das Kind soll sich, nachdem es erklärt bekommen hat, wie mit dem Material zu arbeiten ist, alleine vertiefen.

Ziel:

· Vertiefung der Funktion der Wortarten

· Kennenlernen der lateinischen Bezeichnung der Wortart

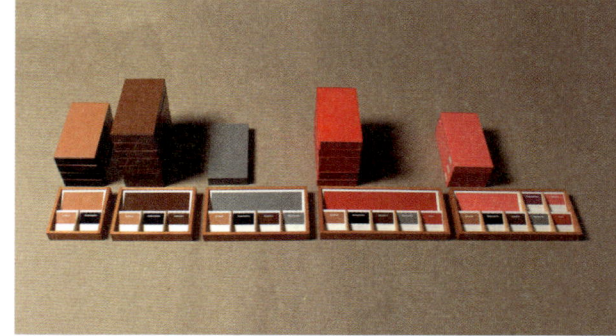

Farbgebung:

Wortarten	Auftrags- und Sprachkästen	Wortsymbole
Nomen	schwarz	schwarz
Artikel	hellbraun / schwarz	hellblau
Adjektiv	dunkelbraun	dunkelblau
Numerale	grau	hellblau
Konjunktion	gelb	rosa
Präposition	lila	grün
Verb	rot	rot
Adverb	rosa	orange
Pronomen	grün	lila
Interjektion	dunkelblau	gold

4.4.1. Auftragskästen ➊

In Folien stecken weiße Leitkarten mit Lesetexten, davor kleinere, dem Kasten entsprechende Wortkarten, die zu einer Wortgruppe der jeweiligen Wortart gehören. ➋ ➌

Als Orientierungshilfe für den Erwachsenen ist eine Abkürzung der Wortart in die rechte obere Ecke der Karteikarte geschrieben.

Das Kind soll den Auftrag lesen, ausführen und wenn möglich die kleine Wortkarte dem ausgeführten Auftrag zuordnen. ➍

Die Leiterin sorgt dafür, dass alle angebotenen Aufträge von den Kindern ausgeführt werden können!

Die Funktion der Wortart wird so auf der Handlungsebene erfahren.

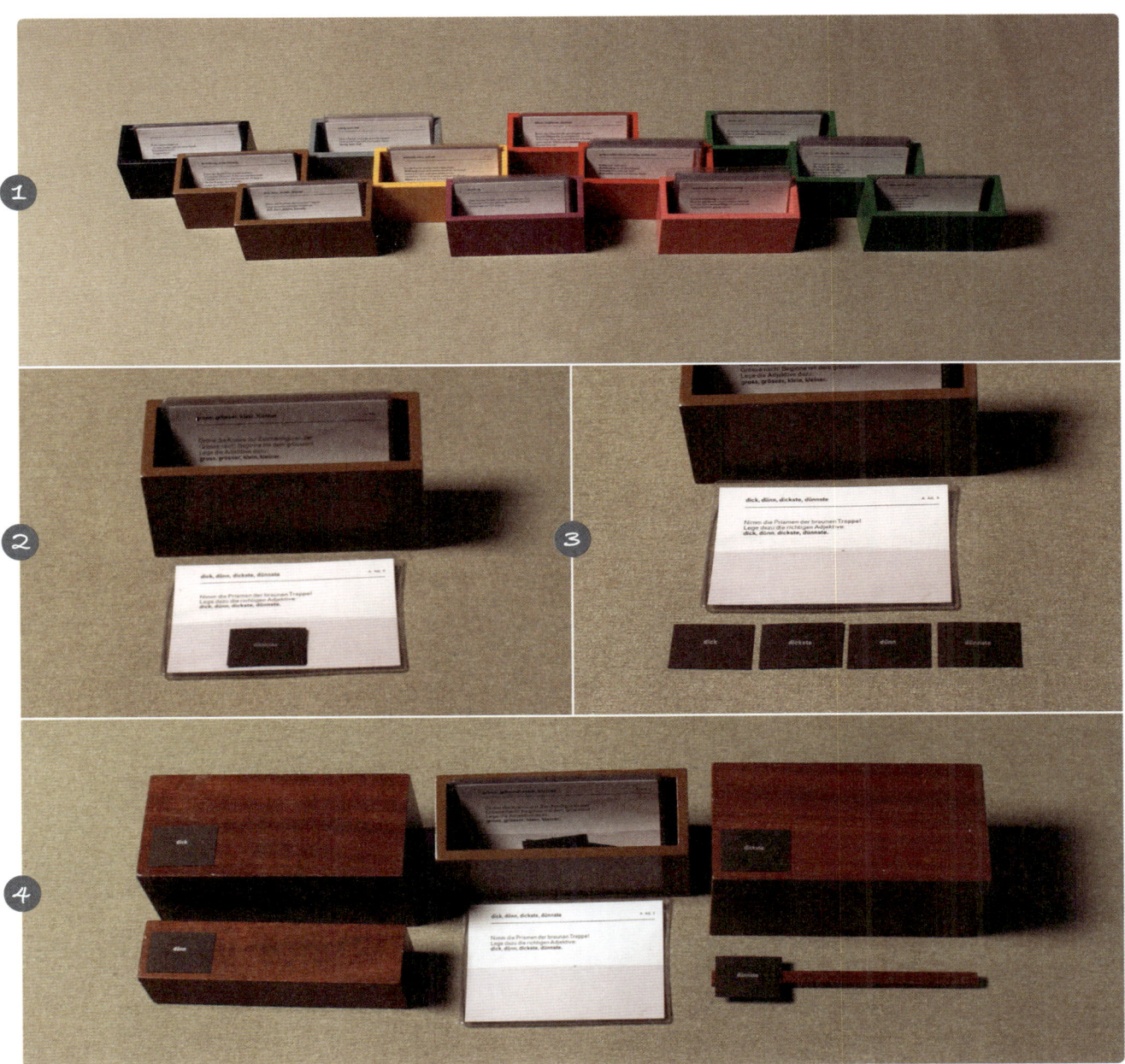

4.4.2. Sprachkästen

Zu jeder Wortart gehört ein Setzkasten, bei dem oben Platz für eine größere Leitkarte ist, darunter sind kleine Registerfächer. In jedem Registerfach steht der Name einer Wortart in lateinischer Bezeichnung.

Weiters gehören Kästen dazu (je nach Wortart einer oder mehrere), in denen die Arbeitskarten aufbewahrt werden, die in die Registerfächer eingeordnet werden sollen.

Gibt es mehrere Kästen, sind diese an keine vorgegebene Reihenfolge gebunden.

Das Kind soll als ersten Arbeitsschritt die Karten der Farbe nach in die Fächer einlegen, in das große Fach oben kommen die Leitkarten.

Dann wird die Wortgruppe oder der Satz auf der Leitkarte gelesen.

Das Kind legt nun mit den kleinen Karten den kompletten Text nach. Sind mehrere Sätze formuliert, beginnt es mit dem ersten.

Beim zweiten und dritten Beispiel ändert sich dann nur ein Wort – die jeweilige Wortart des Sprachkastens, die geübt und vertieft werden soll. ④ ⑤

Das Kind sucht in den beschrifteten Fächern – und lernt so ganz nebenbei, wie wir die Wortarten nennen. Zusätzlich erfährt es eine Wortschatzerweiterung und trainiert das Blitzlesen.

Wenn das Kind die Leitkarte bearbeitet hat, legt es die Wortsymbole darüber und kann die Beispiele im Heft notieren. ⑥ ⑦ ⑧

Hinweis:

Spätestens jetzt wird ersichtlich, warum die Farbgebung bei den Sprachkästen geändert wurde. Das Dazulegen der Symbole wäre nämlich bei Farbengleichheit eine reine Farbzuordnungsübung.

Enthält der Kasten keine Leitkarte, so sind Kategorisierungen der beinhalteten Wortkarten vorzunehmen.

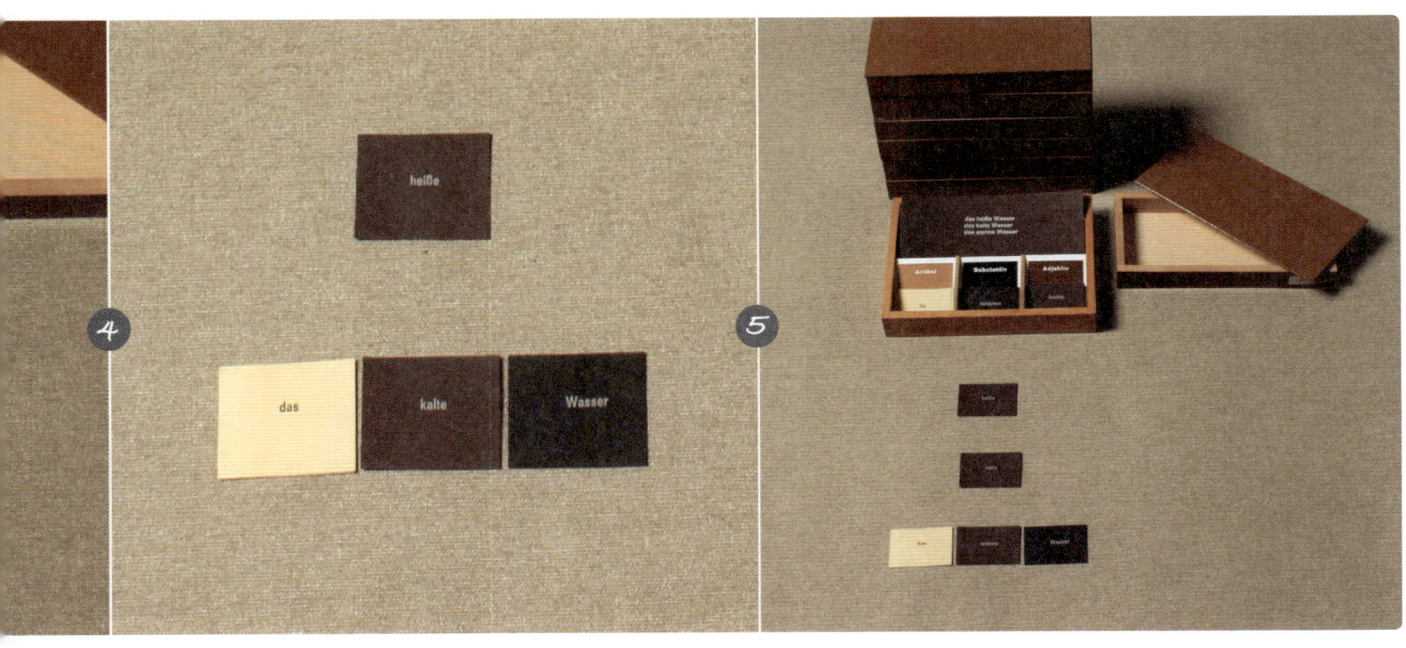

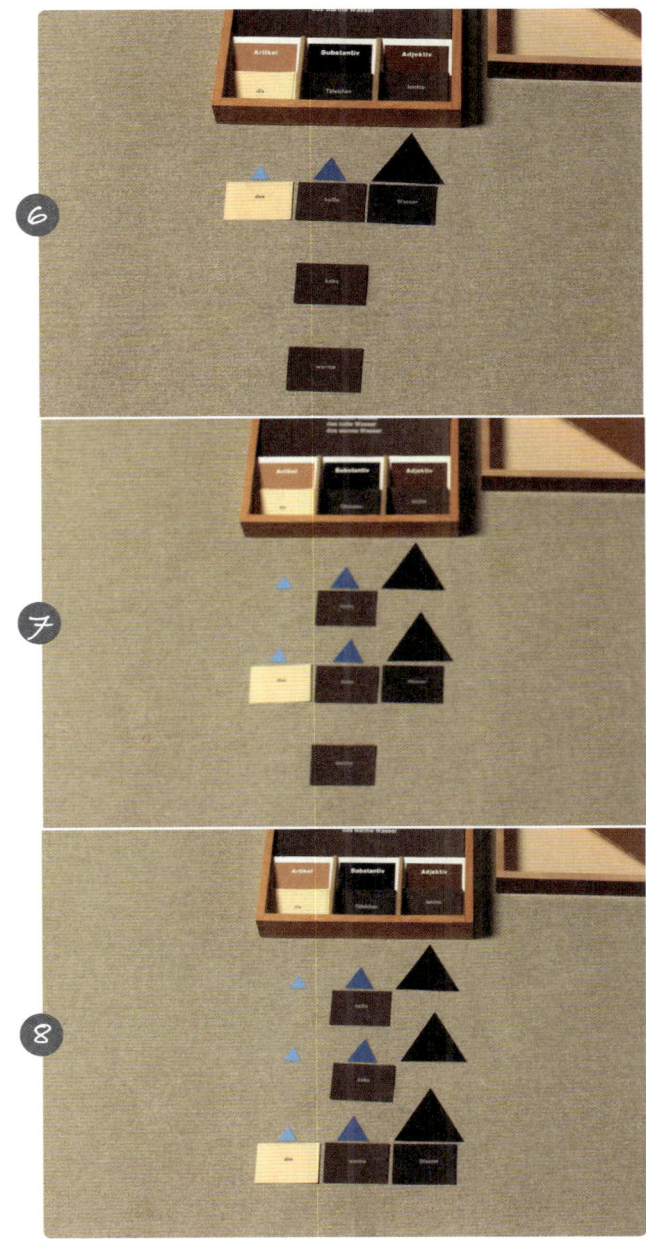

4.5. Anmerkungen zur Farb- und Formgebung der Symbole

Jede Wortart wird mit einem bestimmten Symbol verknüpft, das auch farblich differenziert wird.

Diese Umsetzung bietet Montessori an, um Einsicht in die Beziehung der Wortarten untereinander zu ermöglichen.

Nomen

Das Nomen hat die Form des Dreiecks. Das Dreieck ist jene eckige Form, die die größte Statik mit den wenigsten Ecken aufweist. ❶

Verb

Im Vergleich dazu hat das Verb die Form eines Kreises. Der Kreis drückt Bewegung aus. ❷

Nomen · Verb

Die Symbole des Nomens und des Verbs sind gleich groß, sie stellen die beiden wichtigsten Positionen im Satz dar. ❸

Die Farbwahl der beiden Symbole sind ein sattes Schwarz und ein kräftiges Rot.

Wortarten, die die beiden ergänzen, sind in der Farbe immer abgeschwächter.

Verb · Adverb

Zum Verb platziert sich das Adverb, das ebenso die Form des Kreises hat.

Das Adverb ist kleiner und in der Farbe heller als der Verbkreis.

Die Formengleichheit, aber kleinere Größe zeigen, dass das Adverb das Verb näher beschreibt, ihm aber untergeordnet ist. ❹

Nominalgruppe: Artikel · Adjektiv · Nomen · Numerale · Pronomen

Um das Nomen sammelt sich die Nominalgruppe. Diese beschreibt oder ergänzt das Nomen.

Alle Wortarten, die zu dieser Gruppe gehören, haben das Dreieck als Symbol.

Die Dreiecke nehmen nach Wichtigkeit in der Größe ab und haben ebenfalls abgeschwächtere Farben. ⑤ Das Pronomen darf das Nomen ersetzen. ⑥

Artikel · Numerale

Das Numerale und der Artikel sind beide hellblau. ⑦

Manchmal ist nämlich erst aus dem Sinnzusammenhang eines Textes zu erkennen, ob es sich um einen unbestimmten Artikel oder ein Numerale handelt.

„eine Blume": Handelt es sich um irgendeine Blume oder um exakt eine Blume? Hier kommt es auf die **Funktion** der Wortart an, die sich aus dem Kontext erschließt.

Numerale · Adjektiv

Das Numerale und das Adjektiv sind gleich groß. Beide sind blau, das Numerale ist hellblau und das Adjektiv dunkelblau. ⑧

Die beiden Dreiecke sind gleich groß, da das Numerale eine besondere Form des Adjektivs ist, nämlich ein Zahladjektiv.

Adjektive sind untereinander flexibel austauschbar: *der große alte Baum - der alte große Baum*

Das Zahladjektiv kann mit dem Adjektiv NICHT beliebig getauscht werden. Es nimmt IMMER die erste Position der Adjektive ein. *drei gelbe lange Blumen*

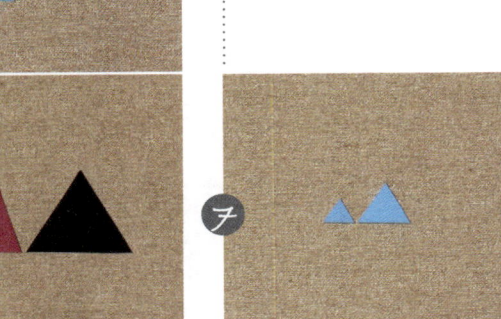

Pronomen

Das Pronomen ersetzt das Nomen, daher sind beide Symbole gleich groß.

Da es dieses aber nur vertritt, ist es in der Farbe abgeschwächter.

Die Farbe Lila wurde gewählt, da das Pronomen die Personalform des Verbs in gleicher Weise verändert wie das Nomen, das es vertritt.

Montessori formuliert, dass sich eine Ecke des schwarzen Nomens ablöst und zum roten Verbkreis fliegt. So wird durch die Farbe der Zusammenhang mit dem Verb dargestellt. ⑨

Präposition

Der grüne liegende Sichelmond ⑩ soll eine Waage darstellen, auf deren Schalen immer Nomen oder Pronomen stehen.

Die Präposition verbindet diese beiden und stellt sie in ein besonderes Verhältnis zueinander. ⑪

Konjunktion

Die Konjunktion hat den rosa Balken als Symbol. ⑫ Dieser soll das Wort signalisieren, das Wörter / Satzteile / Sätze verbindet, nebenordnet oder unterordnet.

Es verbindet, schließt aus oder lässt die Wahl.

5. Satzgrammatik

Voraussetzungen:

Die Übungen werden der individuellen Entwicklung des Kindes entsprechend ausgewählt und angepasst.

Merkmale:

Die Satzzerlegung folgt einer bestimmten Materialfolge und innerhalb des Materials immer einem bestimmten Frage-ablauf.

Hier werden auch mündliche Übungen als „Material" beschrieben.

Reihenfolge der Fragestellung:

1. Was tut jemand? Was passiert? Was geschieht? Diese Frage muss man anpassen – je nachdem, ob ein Zustand, eine Handlung oder ein Vorgang ausgedrückt wird.

2. Wer (oder Was)?

3. Wen (oder Was)?

4. Wem?

5. Wessen?

6. Wie?

7. Warum?

8. Wo?

9. Wann?

10. usw.

MERKE: Eine Frage wird nur dann gestellt, wenn sie auch beantwortet werden kann!

So beginnt die eigentliche **Analyse** eines Satzes mit dem „Jagen nach dem Prädikat". Im Anschluss werden Fragen nach den einzelnen Satzteilen gestellt. Um die Satzteile zu verdeutlichen, werden diese später Pfeilen und Kreisen zugeordnet.

Um dem Prinzip der Isolation der Schwierigkeit zu folgen, wird die Satzgrammatik in einem Wechsel von der Analyse konkreter Tätigkeiten **über die Synthese** von Sätzen zur Analyse von vorgefertigten Sätzen aus der Literatur gesteigert. Dabei werden immer dieselben Fragen nach den spezifischen Satzteilen gestellt. Die Fragen richten sich nach der Komplexität der Satzstruktur.

Die Fragen für Satzglieder müssen immer vom Prädikat aus gestellt werden!

Ziel:

· Erkennen der Struktur von Sätzen in der deutschen Sprache

· Verbesserung des sprachlichen Ausdrucks des Kindes

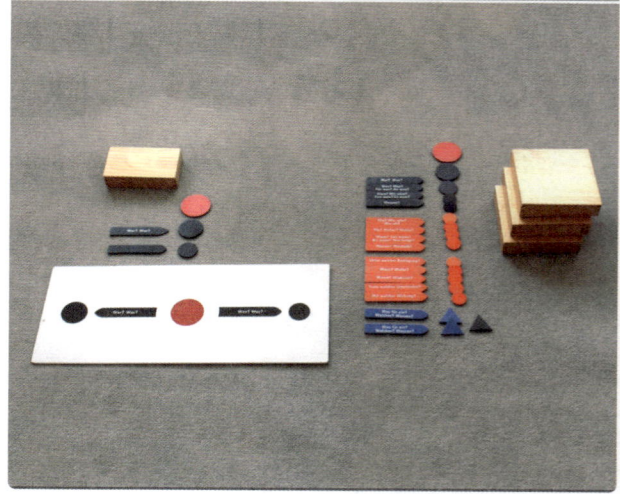

5.1. Mündliche Sprachspiele

Voraussetzungen:

Sprechen können – Sprache beherrschen

Hinweis:

Bei den Sprachspielen wird mündlich das gesamte Spektrum der Satzgrammatik genützt. Die Kompetenz, auf die notwendigen Fragen richtige Antworten zu finden, wird spielerisch trainiert.

Die Frageweise der Leiterin bleibt immer gleich. Sie fragt, einem bestimmten Ablauf folgend, nach den einzelnen Satzteilen. Dabei werden die schon bekannten Satzteile in die neue Frage eingebaut.

Der Satz wird so schrittweise vom Prädikat aus vom kürzesten bis zum längsten Satz aufgebaut.

Hinweis:

Die mündlichen Sprachspiele können in gleicher Form auf abstrakter Ebene mit Gedichten, Reimen oder Liedtexten durchgeführt werden.

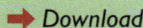 **Download**

Übung

Einem Kind in der Gruppe wird der Auftrag zu einer länger andauernden Handlung gegeben. Die Gruppe erfährt den Auftrag durch die Darstellung des einen Kindes (Pantomime). Diese Tätigkeit wird von diesem Kind bis zum Ende des Spiels andauernd fortgesetzt.

Wichtig ist es, der Gruppe zu vermitteln, dass sie so knapp wie möglich auf die Fragen der Leiterin antworten soll.

Auftrag: „Spitze einen Stift."

Das Kind beginnt wortlos zu spitzen.

Fragen und mögliche Antworten:

L: „Was passiert?" (alternativ kann gefragt werden: „Was geschieht?", „Was tut jemand?")

K: „spitzen"

L: „Wer spitzt?"

K: „Isabel"

L: „Was spitzt Isabel?"

K: „einen Bleistift"

L: „Wo spitzt Isabel einen Bleistift?"

K: „in der Klasse"

L: „Wann spitzt Isabel einen Bleistift in der Klasse?"

K: „um halb zehn"

L: „Wie spitzt Isabel einen Bleistift in der Klasse um halb zehn?"

K: „ungeduldig"

L: „Warum spitzt Isabel einen Bleistift in der Klasse um halb zehn ungeduldig?"

K: „weil sie in die Pause will"

Der ganze Satz wird nochmals wiederholt und die Handlung beendet.
„Weil sie in die Pause will, spitzt Isabel um halb zehn ungeduldig einen Bleistift in der Klasse."

Die Satzstellung kann hier verändert werden, um den Satz sprachlich ansprechend wiederzugeben.

Ziel:

- Logisch, exakt und ausführlich auf Fragen antworten können
- Den Umfang der sprachlichen Ausdrucksfähigkeit wahrnehmen
- Wortschatzerweiterung
- Vorbereitung der Satzanalyse

Alter: Ab 3 Jahren

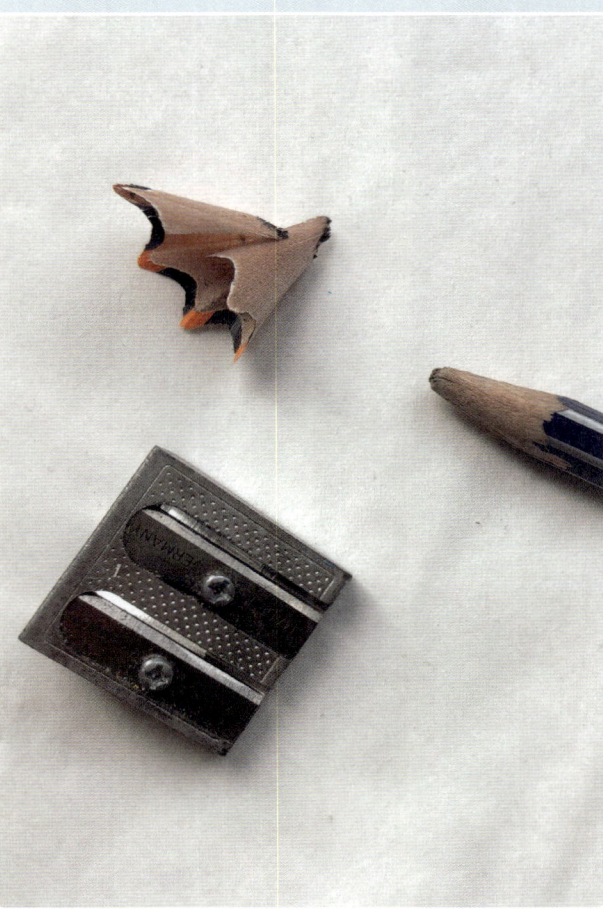

5.2. Jagen nach dem Prädikat

Voraussetzungen:

Das Kind muss lesen können.

Hinweis:

Die Darbietung erfolgt in drei Komplexitätsstufen.
Jede davon ist in eine Einführungslektion, eine konkrete
weiterführende Übung und eine Literaturarbeit aufgebaut.

Weiterführende Übungen können direkt nach der
Darbietung angeboten werden.

Ziel:

· Erkennen des Prädikats
  (Der Begriff Prädikat wird noch nicht eingeführt!)

· Vorbereitung der Satzanalyse

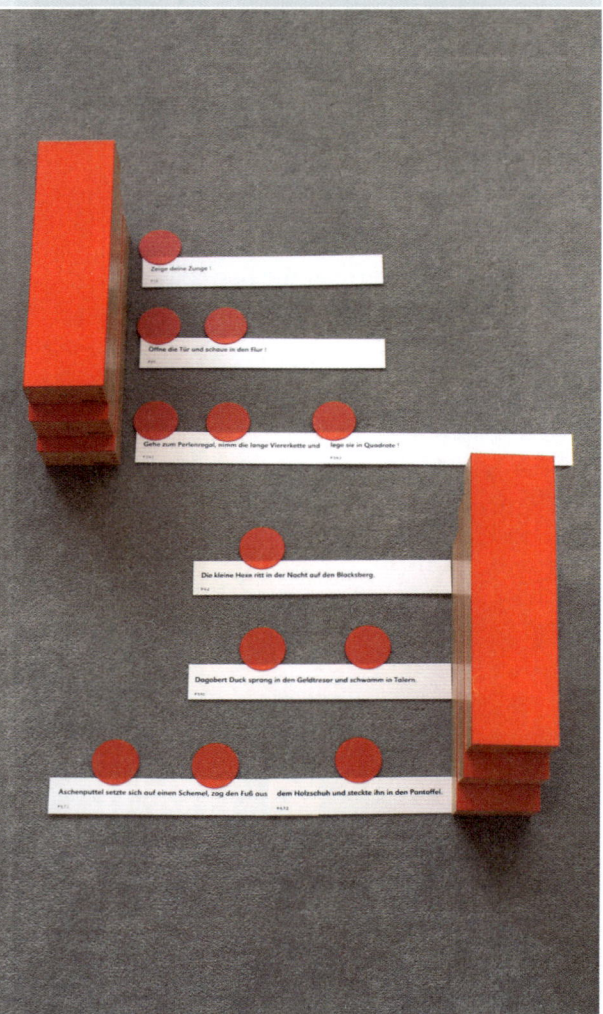

1. Darbietung

Handlungsablauf:

Die Leiterin schreibt dem Kind einen Auftrag auf einen
Papierstreifen. Das Kind liest und führt diesen aus.

Sprachlicher Ablauf:

L: „Welches Wort sagt dir, was du tun sollst?"
K: „trage"
L: „Das Wort, das dir sagt, was du tun sollst,
     bekommt den roten Kreis."

Mit dem Kind werden noch weitere Beispiele im Imperativ
(Befehlsform) mit einem Prädikat durchgeführt. Der Ablauf
bleibt immer der gleiche.

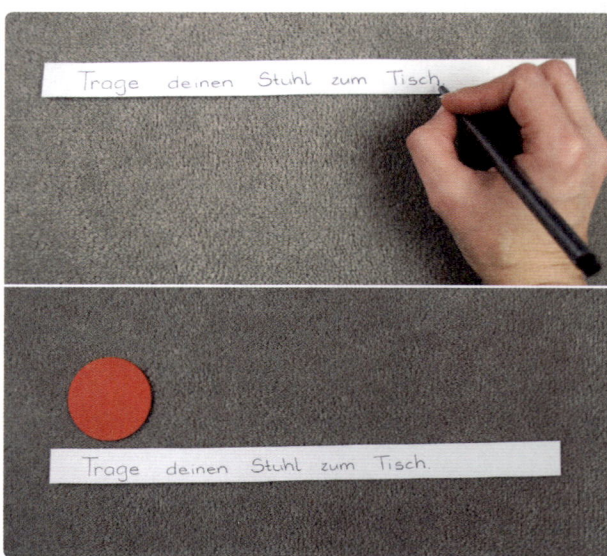

2. Darbietung

Handlungsablauf:

Die Leiterin schreibt dem Kind einen Auftrag auf einen Papierstreifen. Das Kind liest und führt diesen aus.

Sprachlicher Ablauf:

L: „Welches Wort sagt dir, was du tun sollst?"
K: „hole"
L: „Welches Wort noch?"
K: „zeig"
L: „Die Wörter, die dir sagen, was du tun sollst, bekommen einen roten Kreis."
Alternativ kann man direkt fragen:
„Welche Wörter sagen dir, was du tun sollst?"

Es folgen noch weitere Beispiele im Imperativ mit zwei Prädikaten. Der Ablauf bleibt immer gleich. Einige Kinder erkennen dabei direkt beide Prädikate, anderen hilft es, wenn man den Satzstreifen in zwei Teile teilt und mit der Frage oben noch einmal auf beide Prädikate verweist.

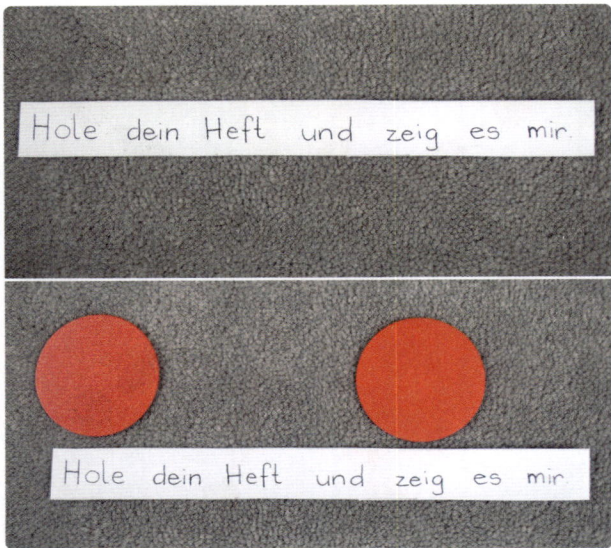

3. Darbietung

Handlungsablauf:

Die Leiterin schreibt dem Kind einen Auftrag auf einen Papierstreifen. Das Kind liest und führt diesen aus.

Sprachlicher Ablauf:

L: „Welche Wörter sagen dir, was du tun sollst?"
K: „nimm, befülle und gieß"
L: „Die Wörter, die dir sagen, was du tun sollst, bekommen einen roten Kreis."

Es folgen weitere Beispiele im Imperativ mit drei Prädikaten. Hier wird der Ablauf wieder an das Sprachvermögen des Kindes angepasst. Die Leiterin entscheidet, ob nach allen Prädikaten auf einmal gefragt wird oder sie durch die Frage: „Welches Wort noch?" bzw. durch Zerschneiden des Satzstreifens in Sinneinheiten das Finden der Prädikate unterstützt.

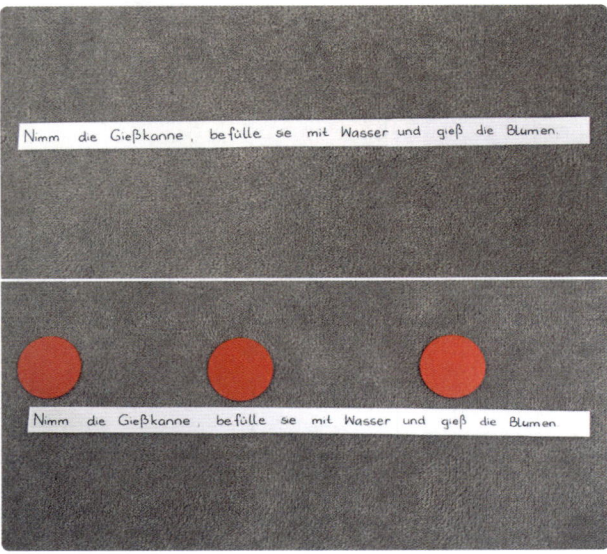

Weiterführende Übungen - Stufe 1

Der Aufbau der weiterführenden Übungen folgt inhaltlich den drei Darbietungsstufen:

1. ein Prädikat
2. zwei Prädikate
3. drei Prädikate

Die Aufträge werden nun nicht mehr in einer Einzelsituation für das Kind geschrieben, sondern befinden sich in Auftragsschachteln.

Arbeitsablauf:

Das Kind nimmt einen Satzstreifen, liest, führt den Auftrag aus und belegt das Prädikat/die Prädikate mit einem roten Kreis/mit roten Kreisen.

Gehe zum Fenster, öffne es und schließe es wieder.

Weiterführende Übungen - Stufe 2

Auch hier folgen die Übungen den Darbietungsstufen, jedoch handelt es sich nicht mehr um Aufträge, die das Kind ausführen kann. Die Sätze werden bekannter Kinderliteratur entnommen.

Hotzenplotz stellte die Kiste auf den Tisch, verriegelte den Eingang zur Räuberhöhle und holte Hammer und Zange aus dem Werkzeugkasten.

Das Kind soll einen Bezug zum Inhalt des Satzes herstellen können, um sich die Situation vor Augen zu führen.

Arbeitsablauf: siehe oben

Weitere Variationen

Durch eine veränderte Stellung des Prädikats, beispielsweise in Aussagesätzen oder Gliedsätzen, wird das Erkennen des Prädikats vertiefend geübt.

5.3. Sterntabelle

Voraussetzungen:

Das Kind muss lesen können.

Material:

Papierstreifen, Stift (wahlweise für das Prädikat einen roten Stift), Schere

Vorbereitung:

Aufbau der Sterntabelle:
Die Mittelachse des Sterns bildet die S-P-O4 Schiene. Sie bildet die häufigste Satzstruktur der deutschen Sprache ab.

Schwarze Kreise und Pfeile entsprechen den vier Objekten in den vier Fällen. Die Verhältnisse der Kreisgrößen deuten auf die Häufigkeit im Sprachgebrauch hin.

Die häufigsten adverbialen Ergänzungen sind oben angeordnet.

Ziel:

· Gefühl für den Aufbau eines Satzes entwickeln
· Spielerischer Umgang mit der Semantik

Arbeit mit der Sterntabelle

L: „Sag mir, was jemand tut."
K: „reiten"

Das Prädikat wird in rot aufgeschrieben und auf die rote Mitte der Sterntabelle gelegt.

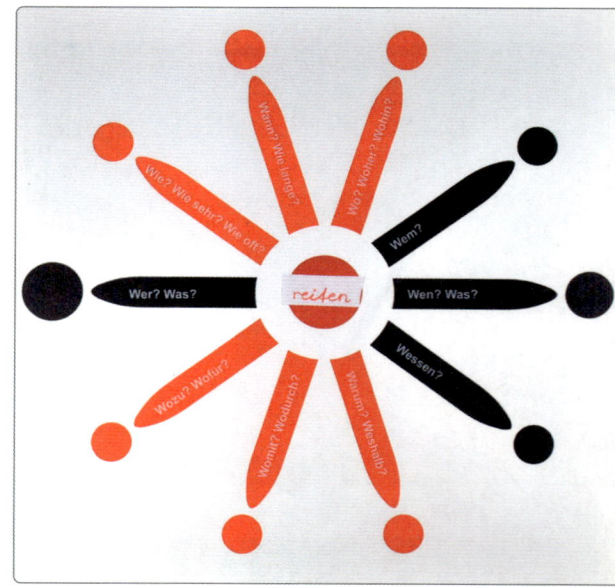

L: „Wer ist es, der reitet?" (bei der Frage auf den schwarzen Pfeil des Subjekts zeigen)

K: „Pippi"

„Pippi" wird auf einen weiteren Papierstreifen geschrieben und auf den schwarzen Kreis des Subjekts gelegt.

L: „Pippi reiten – geht das?"

K: „Pippi reitet"

Der Streifen mit „reiten" wird umgedreht und die entsprechende Personalform „reitet" aufgeschrieben.

Der weitere Frageablauf entspricht genau dem der mündlichen Sprachspiele. Es werden nur Satzteile erfragt, bei denen es zum ausgewählten Prädikat auch eine Antwort gibt.

Der Satz wird so lang wie möglich aufgebaut. Jedes bereits „bestimmte" Satzglied fließt in die neue Frage ein.

L: „Wie reitet Pippi?"

K: „ohne Sattel"

L: „Worauf reitet Pippi ohne Sattel?"

K: „auf dem Kleinen Onkel"

Für jede weitere Antwort des Kindes wird ein Papierstreifen genommen, der Satzteil aufgeschrieben und dem entsprechenden Kreis der Sterntabelle zugeordnet.

Übungsvarianten

· Weglassprobe

· kürzester Satz

· längster Satz

· bestklingendster Satz

· Satzglieder voranstellen, um den Bedeutungsgehalt hervorzuheben

· Reizwortgeschichte schreiben

· Prädikat an zweiter Stelle des Satzes

· Satzanfang groß / Punkt am Satzende

· Prädikat an erster Stelle des Satzes / Fragezeichen

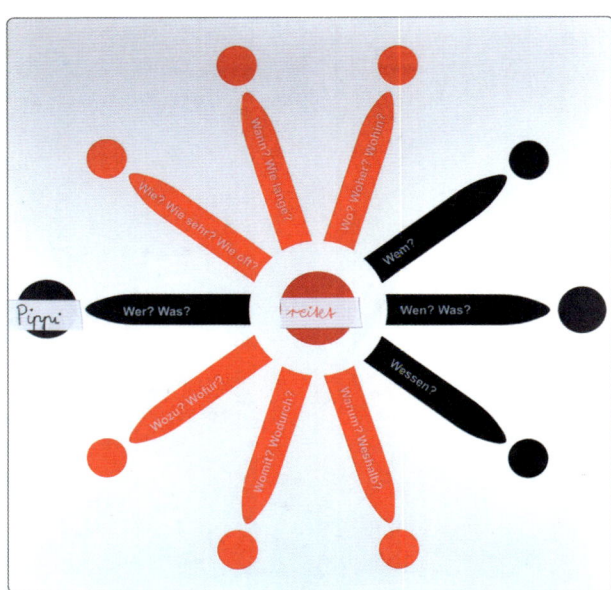
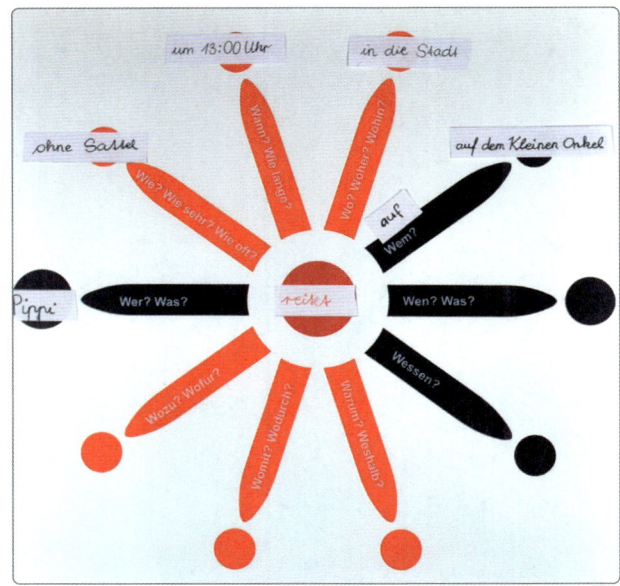
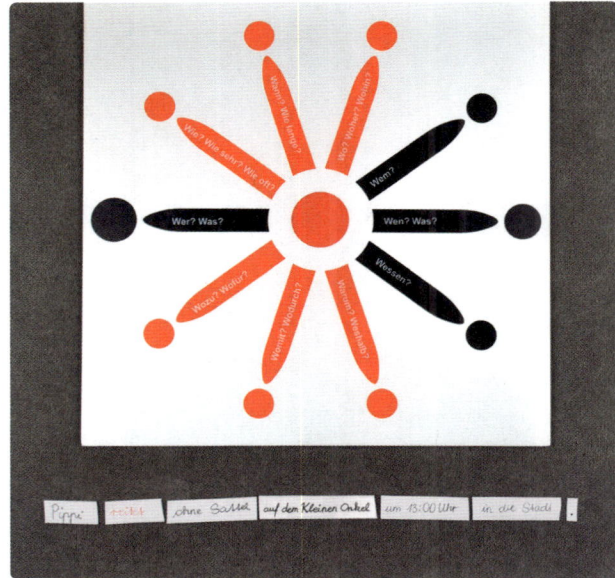

5.4. Erste Arbeit mit Pfeilen und Kreisen

Voraussetzungen:

Mündliche Sprachspiele, Jagen nach dem Prädikat, Sterntabelle

Hinweis:

Die Positionierung der Pfeile erfolgt wie bei der Anordnung der Pfeile auf der Sterntabelle. Der Satz wird für das Kind direkt geschrieben.

Vorbereitung:

Schaffen der Grundordnung am Teppich.
Diese Grundordnung wird nach jedem gelegten Beispielsatz wieder hergestellt.

Grundausstattung:
· Papierstreifen, um für das Kind Sätze aufzuschreiben
· Stift
· Schere

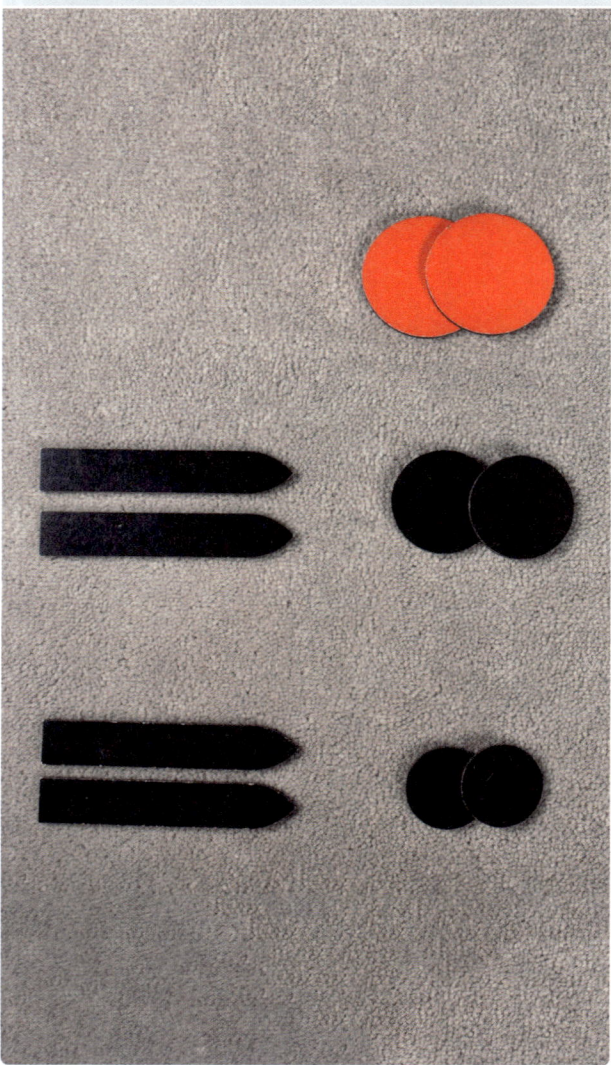

Alter: Sobald das Kind lesen kann und korrekt auf die Fragen der Sprachspiele antwortet

Ziel:

· Aufmerksam werden auf die Funktion von Prädikat, Subjekt und Objekt im 4. Fall

Satzstruktur S-P

Die Leiterin schreibt einen Satz.

L: „Lies bitte – was geschieht?"
Die Antwort wird aus dem Satzstreifen geschnitten ❷
und auf den roten Kreis in der Mitte des Teppichs platziert.

L: „Wer …?"

Ein schwarzer Pfeil wird vom Prädikat aus nach links zeigend gelegt.
Der größte schwarze Kreis wird an die Pfeilspitze platziert.
Auf den schwarzen Kreis kommt das Subjekt. ❸

Satzstruktur S-P-P

Der Handlungsablauf erfolgt immer exakt gleich.
Bei diesem Modellsatz wird mit der Frage
„Was geschieht noch?" das zweite Prädikat gesucht,
bevor man fragt „Wer …und …?"

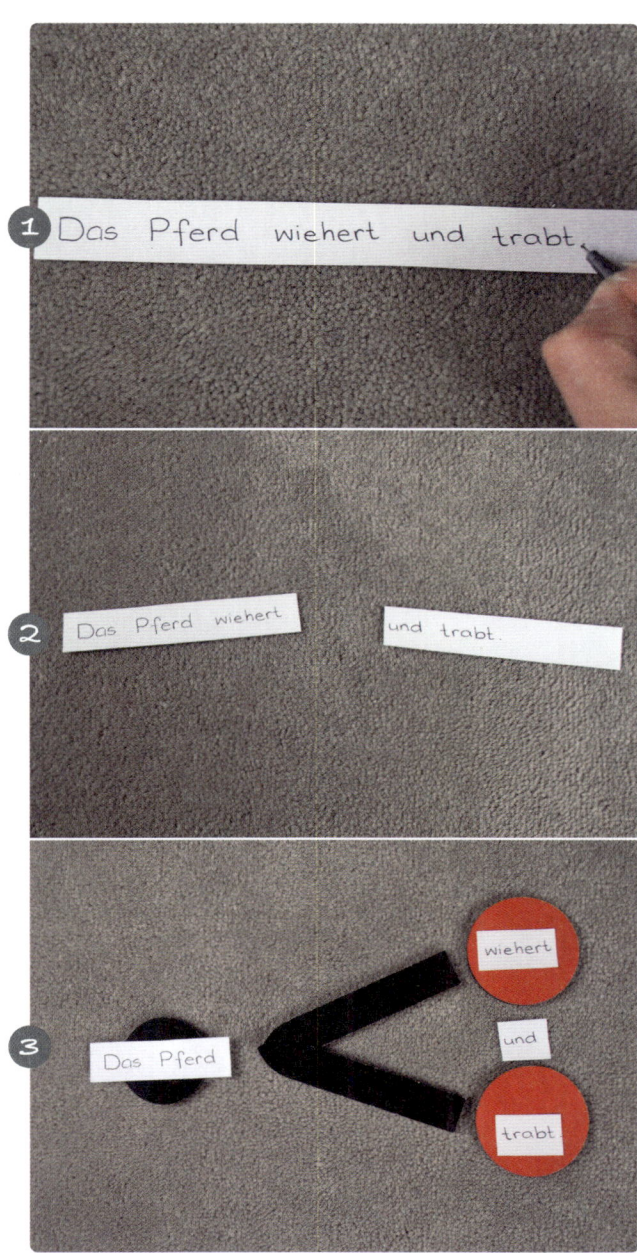

Satzstruktur S-S-P

Bei diesem Modellsatz wird mit der Frage:
„Wer … noch?" das zweite Subjekt gesucht.
Der zweite schwarze Pfeil und der entsprechende Kreis
werden aufgelegt.

Wichtig ist, dass sich die Pfeile sehr deutlich überlappen,
da es sich ja eigentlich um EIN Satzglied handelt!

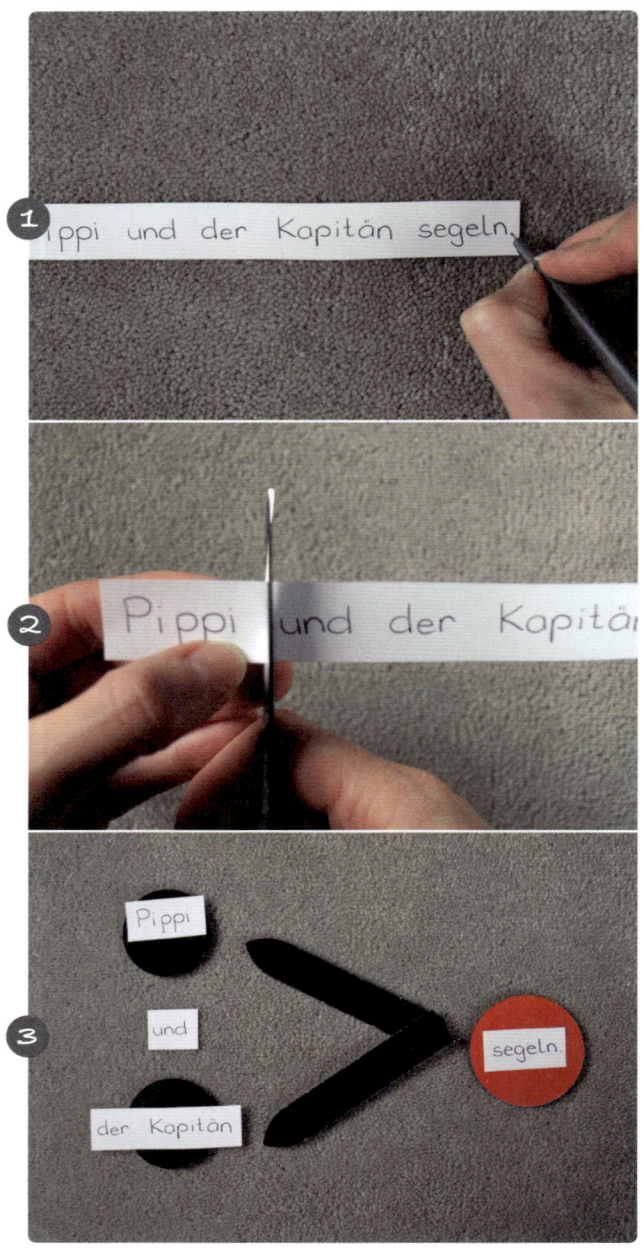

Satzstruktur S-P-O4

„Was geschieht?"
„Wer… ?"
„Was… ?"

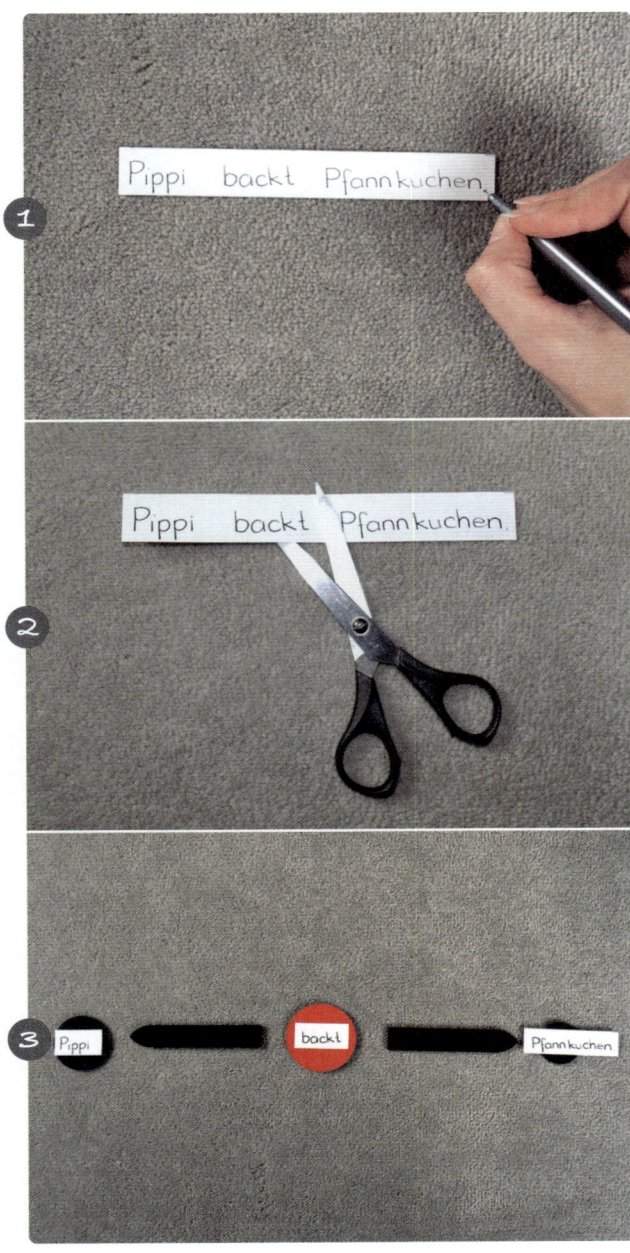

Satzstruktur S-S-P-O4

„Was geschieht?"
„Wer… ?"
„Wer noch… ?"
„Was… ?"

Satzstruktur S-P-O4-O4

„Was geschieht?"
„Wer… ?"
„Was… ?"
„Was noch… ?"

Satzstruktur S-P-P-O4

„Was geschieht?"
„Was geschieht noch?"
„Wer… ?"
„Was… ?"

Satzstruktur S-S-P-O4-O4

„Was geschieht?"
„Wer… ?"
„Wer noch… ?"
„Was… ?"
„Was noch… ?"

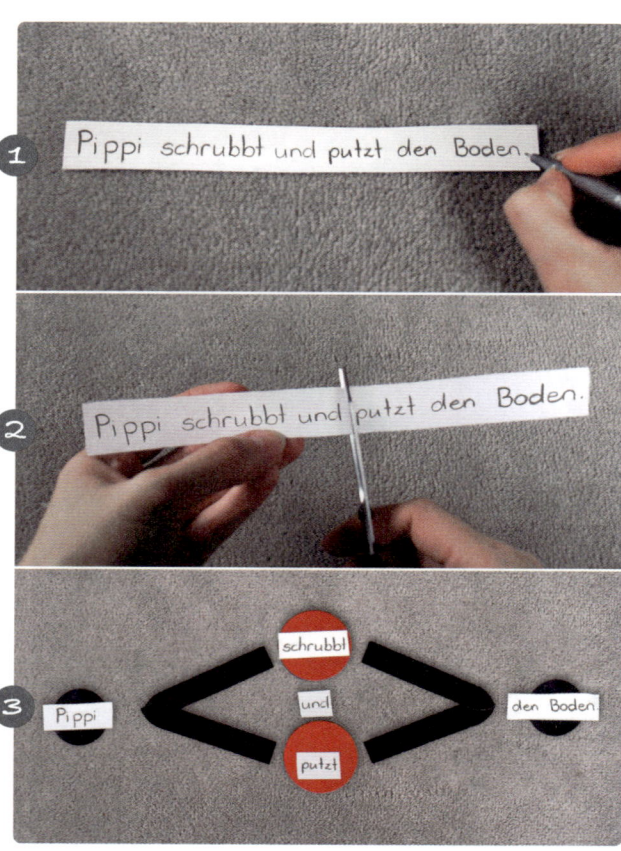

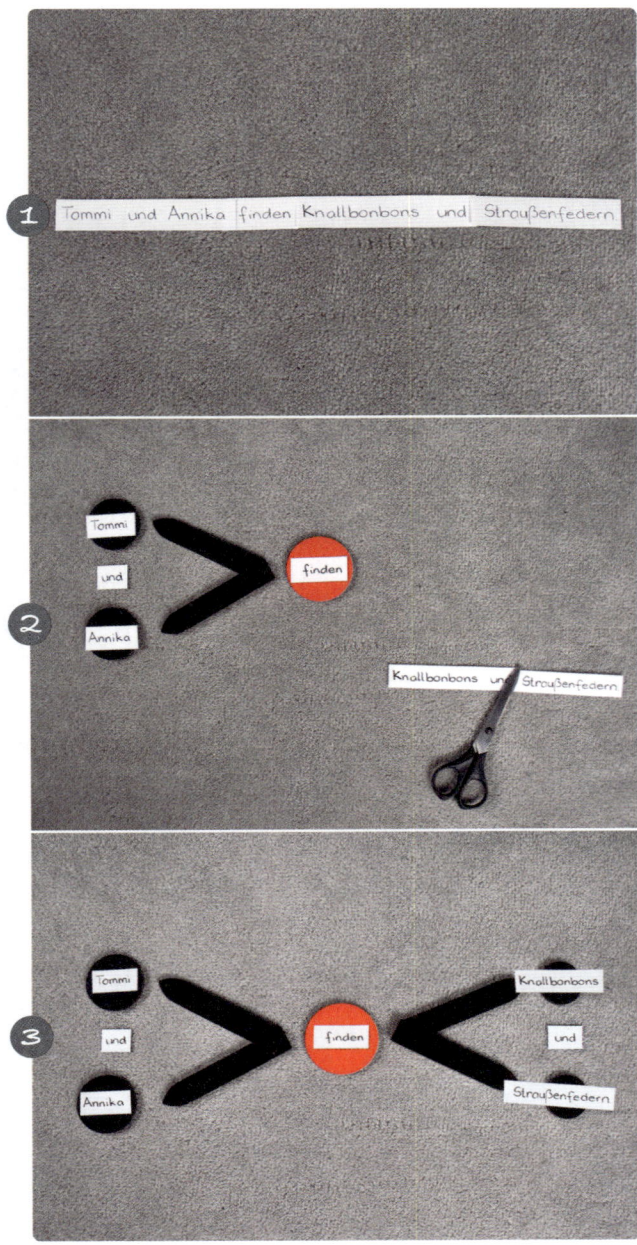

Hinweis:

Es liegt im Ermessensspielraum der Leiterin, ob S-S-P oder S-P-P zuerst angeboten wird.

Das Material kann in unterschiedlicher Intensität eingesetzt werden. Immer dann, wenn ein Kind ein zweiteiliges Satzglied nicht als *ein* Subjekt, Prädikat oder Objekt erkennt, wird die „Erste Arbeit mit Pfeilen und Kreisen" eingesetzt.

Dafür müssen die sich überlappenden Pfeile des Subjekts und die beiden Pfeile des Objekts im vierten Fall in die horizontale Ebene geschoben werden. ❶❷❸

Die Satzstruktur SS PP O4O4 geht nicht, da die Pfeile keine Schere bilden würden.

Ziel ist die abgebildete Darstellungsform, egal, wie viele Teile das jeweilige Satzglied hat. ❹

Erfasst das Kind das gesamte Satzglied innerhalb einer Fragestellung, wird die Schere geschlossen.

Erkennt ein Kind von Anfang an mehrteilige Subjekte, Prädikate oder Objekte im vierten Fall als ein Satzglied, wird die Schere gar nicht erst aufgelegt.

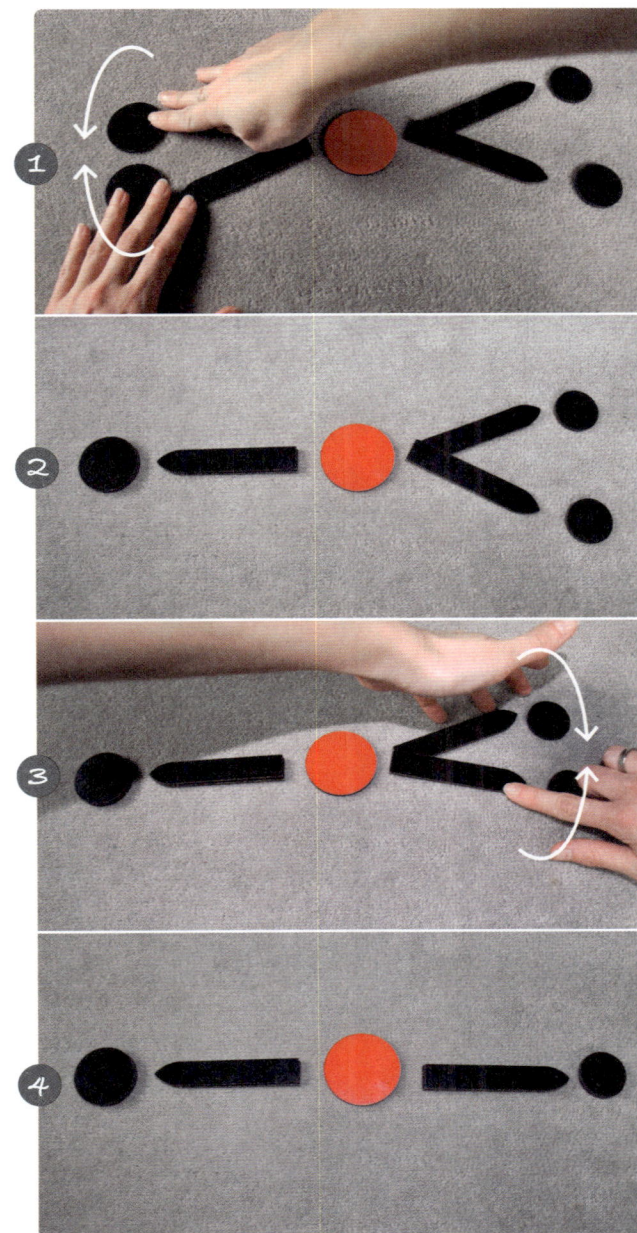

5.5. Kleiner Satzzerlegungskasten und Satzzerlegungstabelle

Voraussetzungen:

Analyse von Sätzen mit mehreren Prädikaten, Subjekten und Akkusativobjekten

Hinweis:

Hier wäre auch die Struktur SS PP O4O4 möglich.

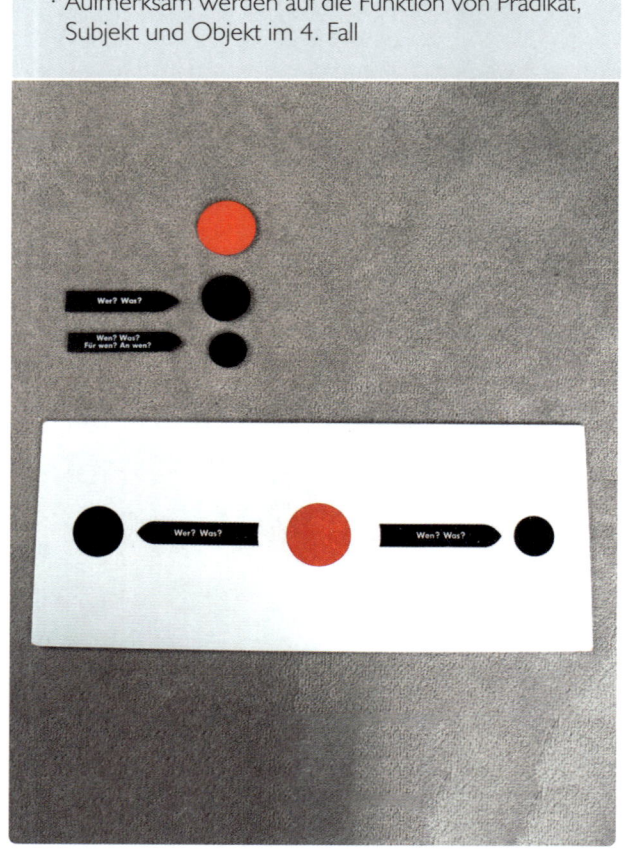

Alter: Ab 6-7 Jahren

Ziel:

· Aufmerksam werden auf die Funktion von Prädikat, Subjekt und Objekt im 4. Fall

Kleiner Satzzerlegungskasten

Wenn ein Kind mehrteilige Satzglieder als ein Satzglied erkennt, die Schere also schließen kann, so kann es direkt mit dem Kleinen Satzzerlegungskasten arbeiten und braucht die Lektionen zur Ersten Arbeit mit Pfeilen und Kreisen nicht weiter durchlaufen.

Vorbereitung:

Schaffen der Grundordnung am Teppich.
Diese Grundordnung wird nach jedem gelegten Beispielsatz wieder hergestellt.

Grundausstattung:
· Vorgefertigte Sätze zum Zerschneiden
· Schere

Hinweis:

Der Satz wird NICHT direkt für das Kind geschrieben.

Ablauf:

Das Kind stellt die Frage nach dem *Prädikat*.
Hat es das Prädikat des vorgegebenen Satzes gefunden, so wird dieses herausgeschnitten und gemeinsam mit dem roten Kreis in die Mitte des Teppichs gelegt.

Das Kind stellt die Frage nach dem *Subjekt*.
Das Subjekt wird herausgeschnitten und mit dem großen schwarzen Kreis und dem Pfeil, links neben dem roten Kreis angeordnet.

Das Kind stellt die Frage nach dem *Akkusativobjekt*.
Dieses wird mit dem schwarzen Pfeil und dem kleineren Kreis rechts neben dem roten Kreis angeordnet.

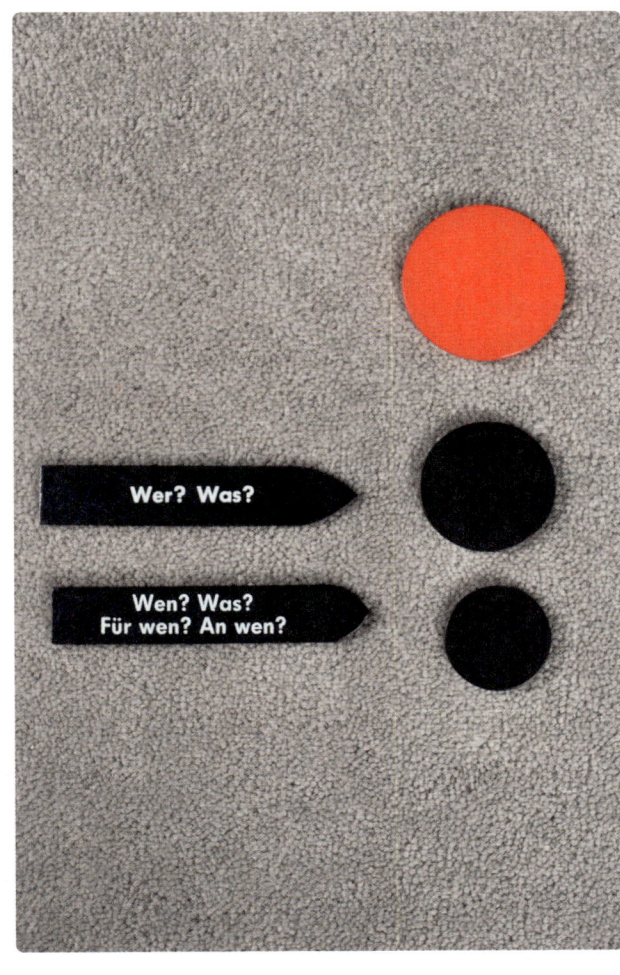

Satzzerlegungstabelle

Hat sich beim Kind die Struktur der S-P-O4 - Darstellung eingeprägt, kann auf die Satzzerlegungstabelle übergegangen werden.

Hier fällt die Handlungsebene mit Pfeilen und Kreisen weg.

Die Satzglieder können direkt auf die Satzzerlegungstabelle aufgelegt werden. Das Kind hat erkannt, dass sich die Art der Darstellung nicht verändert, egal, in welcher Reihenfolge oder Häufigkeit Subjekt, Prädikat oder Akkusativobjekt im Satz vorkommen.

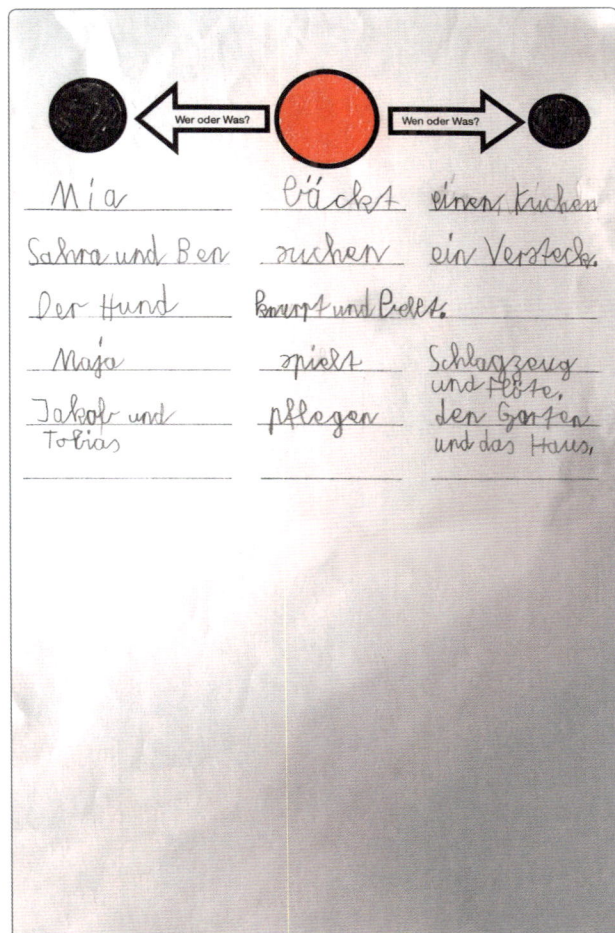

5.6. Die drei Satzzerlegungskästen

Voraussetzungen:

Richtiges Antworten auf Fragen der Sterntabelle geben können.

Material:

Grundausstattungsätze aus der Literatur, entweder Satzstreifen zum Abschreiben oder Sätze zum Zerschneiden.

Hinweis:

Neben den bereits bekannten Pfeilen und Kreisen beinhalten die Kästen weitere Pfeile und Kreise für weitere Objekte, für die adverbialen Bestimmungen und Dreiecke und Pfeile für die Attribute.

Die drei Kästen unterscheiden sich lediglich in der Beschriftungsart der Pfeile:

1. Kasten – nur Fragen zum Satzglied auf den Pfeilen
2. Kasten – auf einer Seite befinden sich die Fragen, auf der Rückseite die Fachbegriffe der Satzglieder
3. Kasten - nur Fachbegriffe

Es wird bei der Einführung nur mit einem Kasten gearbeitet. Welcher geeignet ist, hängt vom Vorwissen des Kindes ab.

Je komplexer die Satzstruktur wird, umso öfter benötigt man mehrere Kästen, um den Satz komplett darstellen zu können.

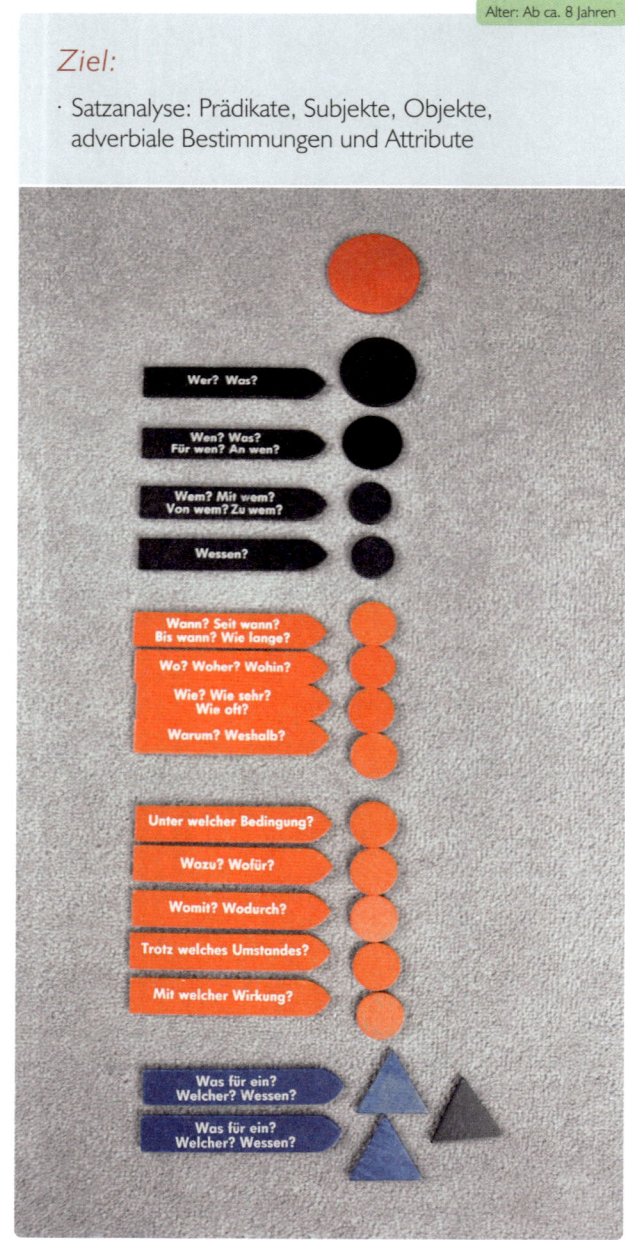

Alter: Ab ca. 8 Jahren

Ziel:

· Satzanalyse: Prädikate, Subjekte, Objekte, adverbiale Bestimmungen und Attribute

Grundordnung am Teppich herstellen

· Prädikat

· Subjekt

· Akkusativobjekt

· Dativobjekt

· Genitivobjekt

· Adverbiale Bestimmungen: temporal
lokal
modal
kausal

· Weitere adverbiale Bestimmungen untereinander auslegen

· Attribut/Apposition

Hinweis:

In der Volksschule reicht es meistens, die vier häufigsten adverbialen Ergänzungen aufzulegen. Die Arbeit mit den Attributen wird je nach Intersse des Kindes angeboten.

Einführungslektion 1:

· Das Kind soll alle Pfeile lesen. **1**

· Ein vorbereiteter Satz wird zerlegt. **2 3**

· Einführung des *Dativobjekts*: 3. Fall – WEM? **4**

· Das Kind kennt den Ablauf von der Arbeit mit dem Kleinen Satzzerlegungskasten. Es kann zunächst das Prädikat und das Subjekt, eventuell auch das Akkusativobjekt bestimmen.

· Dieses Bild entsteht am Teppich. **5**

· Es wird nach dem dritten Fall gefragt: „WEM…?"

· Der Pfeil mit dem nächstkleineren Kreis wird angeordnet und der entsprechende Satzstreifen dazugelegt.

Einführungslektion 2:

- Das Kind soll noch einmal bewusst die orangen Pfeile lesen.

- Der Arbeitsvorgang ist gleich wie bisher. Die orangen Pfeile haben im Gegensatz zu den schwarzen Pfeilen keinen festen Platz und keine feste Reihenfolge.

- Sinnvoll ist es, sich an der Sterntabelle zu orientieren und die häufigeren Ergänzungen nach oben zu legen.

Einführungslektion 3:

- Das Attribut ist kein eigenes Satzglied, deshalb wird es nicht vom Prädikat ausgehend gelegt. Es bestimmt ein Satzglied näher.

- Der vorgegebene Satz wird wie gewohnt zerlegt. In einem Satzglied versteckt sich noch ein Attribut, das durch WAS FÜR EIN? WELCHES? WESSEN? näher erfragt werden kann.

➡ *Download*

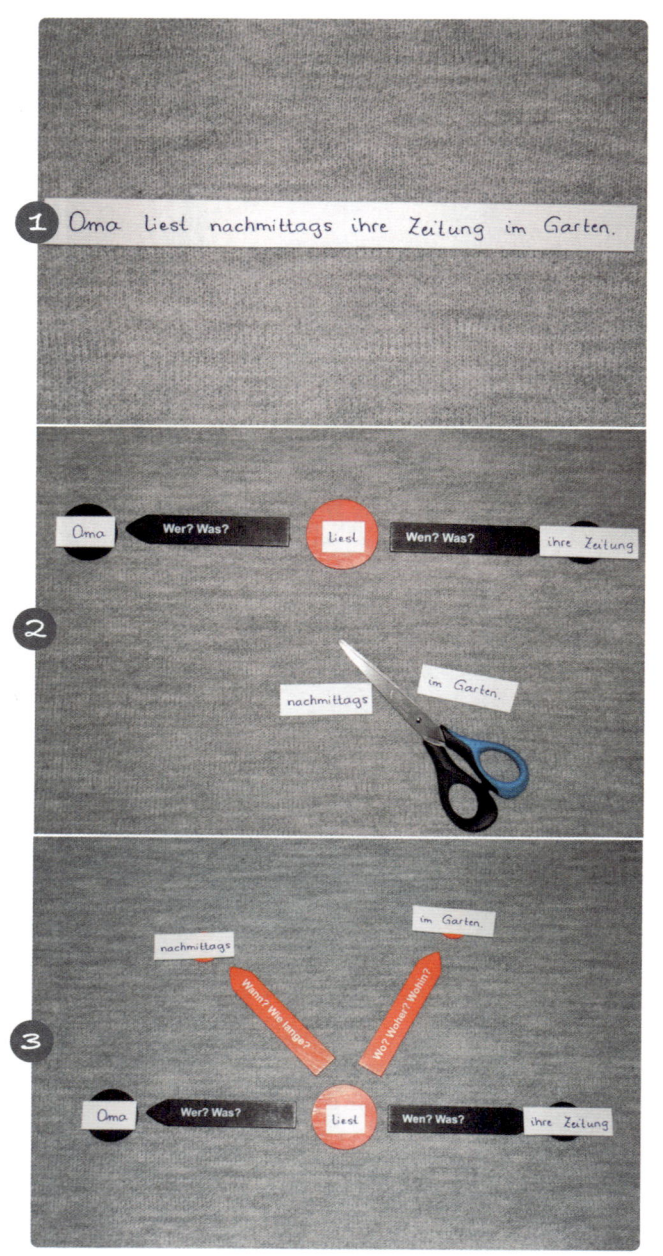

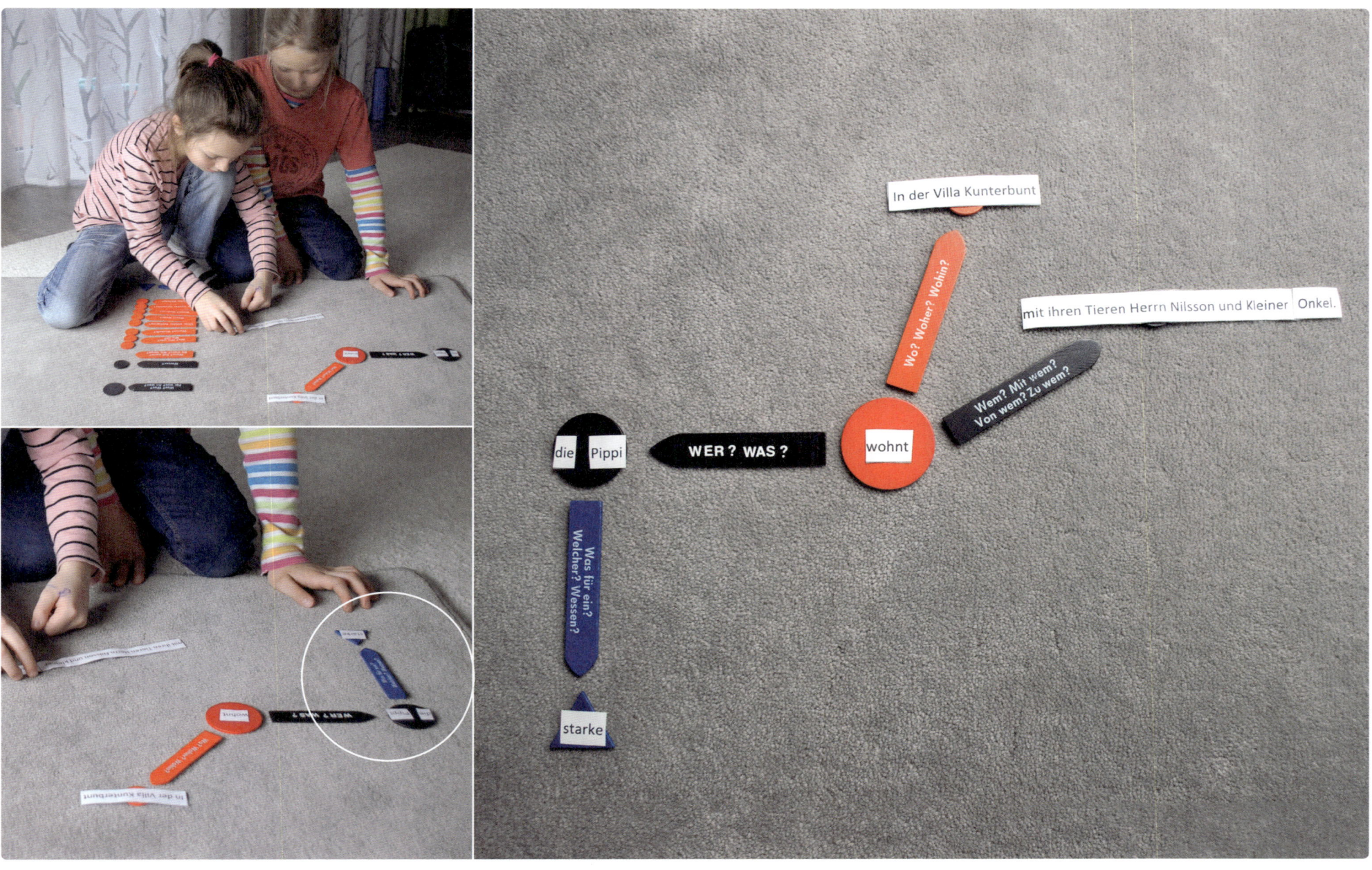